DU

SÉNATUS-CONSULTE VELLÉIEN

EN DROIT ROMAIN

DE LA

CONDITION LÉGALE DE LA FEMME MARIÉE

EN DROIT FRANÇAIS

THÈSE POUR LE DOCTORAT

soutenue le 26 Août 1871

Par J.-L. GIRESSE

LICENCIÉ EN DROIT

BORDEAUX

IMPRIMERIE G. GOUNOUILHOU

RUE GUIRAUDE, 11.

—

1871

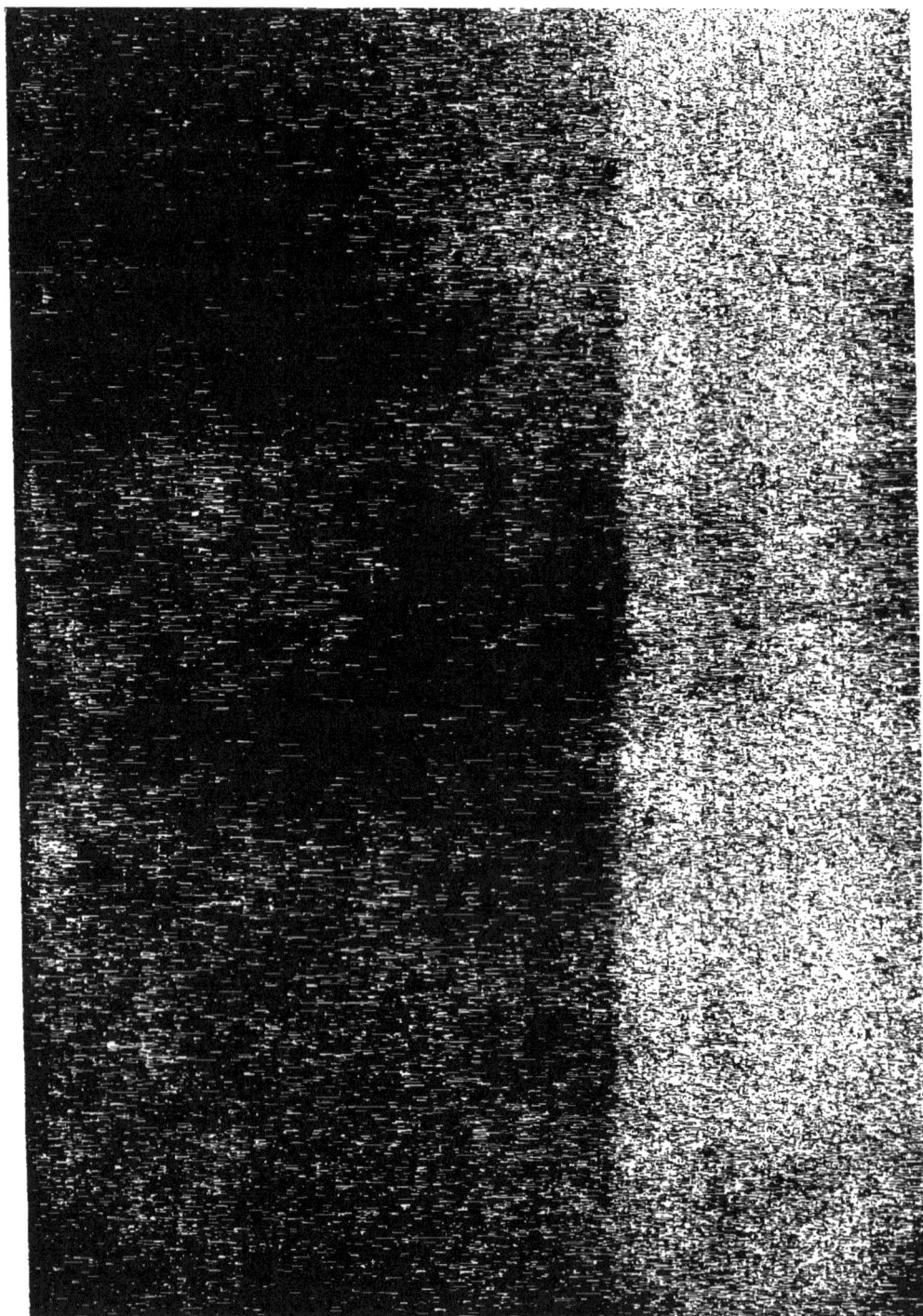

THÈSE POUR LE DOCTORAT   3968

DU

SÉNATUS-CONSULTE VELLÉIEN

EN DROIT ROMAIN

DE LA

CONDITION LÉGALE DE LA FEMME MARIÉE

EN DROIT FRANÇAIS

THÈSE POUR LE DOCTORAT

soutenue le 26 Août 1871

Par J.-L. GIRESSE

LICENCIÉ EN DROIT

BORDEAUX

IMPRIMERIE G. GOUNOUILHOU

RUE GUIRAUDE, 11.

—

1871

COMMISSION.

Président, M. DUVERGER.

MM. PELLAT,
VALETTE, } professeurs.
RATAUD,
GARSONNET, agrégé.

DROIT ROMAIN.

DU SÉNATUS-CONSULTE VELLÉIEN.

—◇o◇—

INTRODUCTION.

DE LA CONDITION DE LA FEMME MARIÉE EN DROIT ROMAIN
ANTÉRIEUREMENT AU SÉNATUS-CONSULTE VELLÉIEN.

Dans l'ancien droit romain, la femme n'était jamais indépendante, quel que fût son âge, quelle que fût sa condition.

D'abord sous la puissance de son père, elle n'en sortait que pour tomber *in manu mariti*, ou sous l'autorité d'un tuteur.

C'est ainsi que trois puissances, à défaut l'une de l'autre, assujettissaient la femme durant toute sa vie.

I. Quant aux effets de la puissance paternelle, il n'existait pas de différence entre les enfants des deux sexes ; le despotisme du père de famille pesait d'un poids égal sur le fils et sur la fille. D'autre part, la fille en puissance paternelle avait la même capacité civile que le fils de famille ; ainsi, elle pouvait figurer dans un contrat.

1

Les droits qu'elle acquérait tombaient dans le patrimoine du chef de famille ; ces droits ne pouvaient point appartenir en propre à la femme, car elle n'avait pas de patrimoine, du moins avant l'institution des pécules.

Quant aux obligations qu'elle contractait, le père de famille n'en était point tenu ; ces obligations étaient, il est vrai, civilement obligatoires, mais le créancier ne pouvait en poursuivre l'exécution que sur les biens personnels de la femme débitrice, c'est-à-dire sur son pécule, s'il en existait.

La femme sortait de la puissance paternelle, le plus habituellement par la mort du père de famille ou par le mariage.

II. A la mort du père de famille, la femme impubère ou non recevait un tuteur.

La tutelle de la femme ne différait pas de celle de l'homme durant la période d'impuberté.

Mais, tandis que l'homme *sui juris* devenait, dès l'âge de quatorze ans, capable de faire les actes de la vie civile avec l'assistance d'un curateur, et acquérait, à vingt-cinq ans, une capacité civile entière et sans restriction ; la femme, au contraire, restait toute sa vie soumise à l'autorité d'un tuteur, même quand elle était libre de la puissance paternelle ou maritale, quand elle était *sui juris*.

Cette tutelle perpétuelle des femmes est une institution particulière au droit romain ; son origine et son but en expliquent la nature.

La constitution sociale de l'antique Rome avait créé l'organisation de la famille sur des bases d'une incomparable énergie ; pour maintenir au chef de famille l'autorité dont il était investi, on avait cru devoir lui assurer le prestige de la fortune, et dans ce but on chercha à prévenir, autant que possible, les aliénations qui pouvaient transmettre les biens patrimoniaux à des familles étrangères.

Quand le père de famille a des enfants mâles, il les garde sous sa puissance jusqu'à sa mort ; à ce moment, chaque enfant devient chef d'une famille particulière, mais tous les parents issus d'un auteur commun restent unis par des liens de parenté civile, source des droits de succession. Les biens qu'ils possèdent sont ainsi toujours dans la même famille.

Il en est autrement quand il s'agit d'une fille ; la part héréditaire qu'elle recueille est exposée à sortir de sa famille. Le mariage la fait habituellement entrer en la puissance de son mari ; et, par suite, le lien d'agnation qui l'unissait à ses parents paternels est rompu, sa succession ne leur revient pas ; ses biens sont attribués à la famille où le mariage l'a fait entrer.

C'est pour parer à ce danger qu'on institua la tutelle des femmes.

Dès l'âge de puberté, la femme orpheline ou émancipée, la femme *sui juris* était soumise à une tutelle qui durait jusqu'à sa mort ; elle était incapable d'aliéner son patrimoine sans l'autorisation de son tuteur, et le législateur attribuait cette tutelle aux agnats de la femme, c'est-à-dire à ses héritiers présomptifs ; de telle sorte, que la femme ne pouvait disposer de ses biens qu'avec l'autorisation de ceux à qui ces biens devaient revenir après sa mort ; elle ne pouvait transmettre à des étrangers sa part des biens patrimoniaux que sous le contrôle et avec l'assentiment des membres de sa famille les plus directement atteints par cette aliénation.

Ce qui prouve que tel était, en droit romain, le caractère de la tutelle perpétuelle des femmes, c'est que le tuteur n'avait d'autorité que sur leurs biens et nullement sur leur personne ; le tuteur n'avait pas de contrôle à exercer sur la conduite de sa pupille ; la femme avait, à cet égard, toute liberté, pourvu que son patrimoine demeurât intact. Dans le cas de mariage, par exemple, la femme en tutelle avait pleins pouvoirs quant au choix de son mari et quant à la célébration du mariage ; l'autorisation du tuteur n'était requise que pour les conventions pécuniaires accessoires du mariage.

C'est donc à tort qu'on prétendrait que la tutelle des femmes avait pour but de les protéger contre la faiblesse et l'incapacité inhérentes à leur sexe.

Gaius répond à cette objection :

« Feminas vero perfectæ ætatis in tutela esse, fere

» nulla pretiosa ratio suassise videtur ; nam quæ vulgo
» creditur, quia levitate animi plerumque decipiuntur,
» et æquum erat eas tutorum auctoritate regi, magis
» speciosa videtur quam vera.

» Ea omnia, parentum causa, constituta sunt, ut,
» quia ad eos intestatarum mortuarum hereditates per-
» tinent, neque per testamentum excludantur ab here-
» ditate, neque, alienatis pretiosioribus rebus, suscepto-
» que æro alieno, minus locuples ad eos hereditas
» perveniat. »

L'autorité de cet éminent jurisconsulte vient à l'appui
des inductions tirées de la nature et des prescriptions
de la tutelle des femmes ; et si l'on considère que
l'incapacité dont la femme était frappée s'appliquait
aux dispositions entre-vifs concernant seulement les
objets de valeur et, d'une manière générale et absolue,
aux testaments, il devient évident que la tutelle des
femmes avait été instituée dans le but d'assurer à
chaque famille la propriété de ses biens patrimoniaux.

Cependant cette constitution si énergique de la
société romaine, qui ne prenait en considération que
les liens de parenté civile, et ne tenait aucun compte
des liens du sang, cette autorité presque absolue du
paterfamilias étaient anormales, et le principe de leur
décadence et de leur chute était dans l'excès même de
leur puissance.

Le chef de famille, maître d'exhéréder ses fils, pouvait à plus forte raison les priver des garanties que la

tutelle des femmes leur assurait quant à la part héréditaire attribuée à leur sœur. Le chef de famille pouvait nommer à sa fille un tuteur testamentaire étranger à sa famille.

Et alors la femme affranchie du contrôle de ses agnats, ses héritiers présomptifs, pouvait disposer plus librement de son patrimoine et le faire passer dans une famille étrangère; le tuteur testamentaire n'avait, en effet, aucun intérêt pécuniaire à gêner la femme dans la disposition de son patrimoine.

C'était donc accorder à la femme presque une entière liberté que de lui nommer un tuteur étranger à sa famille.

Plus tard, des lois et des sénatus-consulte permirent à la femme de se faire nommer un tuteur par le magistrat, quand le tuteur légitime était absent ou incapable de gérer la tutelle.

Enfin, au moyen de la *coemptio,* la femme pouvait prendre un tuteur de son choix. Par une *coemptio* fiduciaire, la femme passait sous la puissance de son mari ou d'un tiers, puis elle se faisait remanciper par le coemptionateur à un homme de son choix, et celui-ci l'affranchissant devenait son tuteur. C'est ainsi que la femme s'assurait une complète indépendance en prenant pour tuteur qui bon lui semblait.

Enfin, quand la femme se choisissait ainsi un tuteur, elle pouvait le prendre d'une manière générale ou bien pour une ou plusieurs affaires déterminées seulement;

et, dans ce dernier cas, elle renouvelait son option chaque fois qu'elle avait besoin d'un tuteur pour l'autoriser.

Par suite de ces transformations successives, la tutelle des femmes devint illusoire ; elle ne consista plus que dans une vaine formalité ; le tuteur était au choix de la femme, partant à sa discrétion.

Aussi, Cicéron disait-il avec raison :

« Cum permulta præclare legibus essent constituta,
» ea jurisconsultorum ingeniis pleraque corrupta et
» depravata sunt. Mulieres omnes propter infirmitatem
» consiliis, majores in tutorum potestate esse voluerunt.
» Hi invenerunt genera tutorum qui potestate mulierum
» continerentur. »

La tutelle des femmes n'étant plus qu'un simulacre dérisoire, devait donc nécessairement tomber en désuétude et disparaître.

Mais, soit que la constitution sociale de Rome ne permît pas d'accorder à la femme une entière liberté, soit que l'on ait supposé la femme incapable de diriger seule ses affaires, de nouvelles prescriptions législatives furent substituées à la tutelle impuissante. Le sénatus-consulte Velléien, notamment, frappe la femme d'une incapacité légale.

Avant de commencer l'examen et la discussion de ce monument législatif, nous avons à continuer l'étude de la condition de la femme antérieurement à ce sénatus-consulte.

Jusqu'ici, nous avons parlé, d'abord, de la femme impubère : elle est soumise à la tutelle ordinaire ; puis de la femme après l'âge de puberté, — libre de la puissance paternelle, elle est.. durant toute sa vie. en tutelle perpétuelle.

Mais en se mariant ne change-t-elle pas de condition? C'est ce qui nous reste à examiner.

III. En droit romain, le mariage, l'union légitime de l'homme et de la femme, le *justum matrimonium*, n'était soumis à aucune solennité ; le consentement des époux était nécessaire, mais aucune formalité n'était prescrite pour sa manifestation ; le mariage s'accomplissait par la tradition ; la femme était remise au mari, qui l'emmenait au domicile conjugal ; c'est pour cela que notre expression *se marier* a pour équivalent, en latin, *ducere uxorem.*

Quant à la preuve du mariage, on s'en rapportait habituellement au témoignage des voisins ou des amis. Quelquefois on dressait un acte *(instrumentum dotale)* pour constater les conventions matrimoniales relatives aux biens ; cet acte prouvait le mariage, mais il n'était pas essentiel à sa validité.

Nous avons à nous occuper du mariage quant à l'autorité maritale, quant à la dépendance, quant à la sujétion qu'il imposait à la femme.

Le mariage ne plaçait pas nécessairement la femme sous l'autorité maritale.

Tantôt la femme, bien que mariée, restait dans sa famille paternelle, où elle conservait l'intégrité de ses droits ; tantôt elle passait sous l'autorité maritale, *in manu mariti,* et, dans ce cas, elle sortait de sa famille paternelle pour entrer dans celle de son mari, où elle prenait la qualité de fille ; légalement, elle était considérée comme la sœur de ses enfants.

Mais la *manus,* la puissance maritale, n'était pas, avons-nous dit, une conséquence nécessaire du mariage ; elle ne se produisait même que par exception et dans trois cas : par l'*usus,* par la *confarreatio* et par la *coemptio.*

1° *Par l'usus :*

D'après la loi des XII Tables, les immeubles étaient acquis par une possession de deux ans ; les meubles par une possession d'un an. Le législateur considéra la femme comme meuble, et, par suite, quand depuis le mariage elle était restée au domicile conjugal pendant une année, sans interruption, elle tombait au pouvoir de son mari, *annua possessione usucapiebatur.* Elle ne pouvait échapper à cette conséquence qu'en abandonnant pendant trois nuits de suite le domicile conjugal.

2° *Par la confarreatio :*

La confarréation était une cérémonie où le pain de froment jouait un certain rôle *(panis farreus) ;* cette solennité avait lieu au moment du mariage, en présence de dix témoins ; les époux, ainsi mariés, étaient unis par un lien plus énergique dans ses effets ; la puissance maritale était une conséquence immédiate de cette célébration.

3° *Par la coemptio :*

Au moment du mariage, le mari pouvait acheter sa femme par une mancipation ou vente solennelle; la femme mise en vente, le mari se portait acheteur *(coemptionator)*. Cette coemption attribuait au mari la puissance maritale, la *manus*.

La coemption, la confarréation, l'usucapion étaient sans effet quant au lien matrimonial; elles ne faisaient qu'attribuer au mari la puissance maritale.

En quoi consistait cette puissance maritale qu'on appelait la *manus?* Quelle était la condition particulière de la femme *in manu mariti?*

Ce n'est pas sans hésitation que l'on aborde cette difficile question, car, quel que soit le système que l'on adopte, on ne peut pas avoir la certitude d'être absolument dans le vrai : les textes font défaut.

Au temps des grands jurisconsultes, la manus était en désuétude; à l'époque de Justinien, il n'en était plus question. Aussi, les fragments qui nous sont parvenus ne permettent que des conjectures plus ou moins plausibles. Gaius seul nous fournit des textes assez nombreux, mais qui laissent encore des doutes sur cette importante question.

Nous avons dit que la manus n'était pas, comme l'autorité maritale en droit français, une conséquence nécessaire du mariage. Elle pouvait résulter, soit du mode de célébration du mariage, soit de certaines circonstances postérieures, de la coemption et de l'usucapion, par exemple.

Suivant la plupart des jurisconsultes, la *manus* produisait des effets quant à la personne de la femme et quant à ses biens.

Au point de vue personnel, la femme qui passe *in manu mariti* subit une *capitis diminutio,* elle passe dans la famille de son mari avec le rang de fille, *loco filiæ.*

Quant aux conséquences pécuniaires de la *manus,* elles étaient analogues à celles que l'abrogation produisait entre le fils de famille et celui qui l'adoptait.

Si la femme, au moment de son mariage, possédait quelques biens, ils étaient acquis au mari qui, par l'effet de la *manus,* devenait le successeur universel de sa femme.

Puis, toutes les acquisitions que la femme réalisait pendant qu'elle était *in manu* tombaient dans le patrimoine du mari. C'était l'application du principe qui régit les acquisitions faites par les personnes *alieni juris.*

Telle est l'opinion généralement admise ; mais, dans un très remarquable ouvrage sur la condition de la femme mariée, M. Gide inaugure un système nouveau.

D'après lui, les effets de la *manus* concernent exclusivement les biens de la femme. Quant à la puissance maritale, le mari l'acquiert par le mariage, et la *manus* ne modifie point les rapports personnels des époux.

M. Gide appuie cette opinion sur les deux textes suivants, tirés de Gaius :

« Non solum proprietas per eos quos in potestate
» habemus adquiritur nobis, sed etiam possessio.

» Per eas vero personas quas in manu mancipiove
» habemus proprietas quidem adquiritur nobis ex omni-
» bus causis, sicut per eos qui in potestate nostra
» sunt; an autem possessio adquiratur quæri solet,
» quia ipsas non possidemus. »

« N'est-ce pas dire clairement, ajoute M. Gide, que
» la *potestas,* frappant la personne et le corps même du
» fils ou de l'esclave, tout ce qu'ils possèdent est par
» cela même au pouvoir et en la possession du chef de
» famille; tandis que la *manus,* n'atteignant que le
» patrimoine de la femme, et ne donnant aucun pou-
» voir sur sa personne, ne peut faire acquérir que ce
» qui entre dans ce patrimoine et non pas ce qui est
» seulement possédé par elle.

» Enfin, ajoute M. Gide, quand le fils ou l'esclave
» ont causé quelque dommage, le père peut les livrer
» en indemnité pour le dommage causé, et, dans tous
» les cas, il peut les vendre; mais la femme *in manu*
» ne peut pas être vendue par son mari, ni cédée en
» réparation du dommage causé. »

Cette argumentation de M. Gide, quelque séduisante qu'elle paraisse, n'est pas corroborée par des textes assez précis pour qu'on puisse poser en principe que la *manus* ne conférait au mari que des droits sur

les biens de la femme, et nulle autorité sur sa personne.

Et n'est-il pas incontestable que le mariage sans
manus ne portait aucune atteinte à la puissance paternelle?

Dans ce cas, le chef de famille pouvait disposer de sa
fille malgré le mari, il pouvait la vendre ou la punir de
mort. La puissance maritale se trouvait alors subordonnée à l'autorité paternelle, ou tout au moins limitée.
Et, dès lors, il est évident que la *manus* libérant la
femme de la puissance paternelle, augmentait le pouvoir
du mari sur la personne de sa femme en écartant, en
supprimant l'autorité concurrente du père de famille.
Désormais, le mari n'avait plus à craindre une autorité
supérieure qui le séparât de sa femme malgré lui ; la
femme n'avait plus la faculté de quitter le domicile
conjugal à son gré ; le mari pouvait l'astreindre à la
résidence.

Du reste, nous avons si peu de documents concernant la *manus,* qu'il est à peu près impossible d'arriver
sûrement à des solutions exactes et précises en ce qui
concerne la nature et les caractères de cette institution.

Quoi qu'il en soit, la *manus* tomba en désuétude
quand des mœurs nouvelles, relâchant le lien du
mariage, rendirent le divorce plus fréquent ; la *manus*
devenait alors tellement périlleuse pour la femme,
qu'elle avait tout intérêt à ne pas s'y soumettre.

Comment, en effet, la femme aurait-elle consenti à laisser tomber ses biens dans le patrimoine de son mari, quand elle pouvait être, d'un instant à l'autre, victime d'un divorce arbitraire?

Enfin, la *manus* fut implicitement condamnée quand, pour faciliter le mariage des femmes, on sentit le besoin de leur assurer la constitution d'une dot, et de leur en garantir la conservation. L'inaliénabilité de la dot était essentiellement contraire à l'absorption des biens de la femme dans le patrimoine du mari, conséquence nécessaire de la *manus*.

La dot porta donc un coup décisif à la puissance maritale. Les conséquences de cette nouvelle institution furent si radicales, que les rôles des deux époux furent renversés ; la femme cessa d'être *in manu mariti ;* et ce fut, en réalité, le mari qui tomba sous la dépendance de la femme. La femme dotée pouvait à chaque instant exiger la restitution de sa dot par un divorce, sans prétexte ; et le mari, sans cesse sous le coup d'une action en restitution de dot, était ainsi dans la dépendance de sa femme. Il aliénait sa liberté en recevant une dot.

Telle était la condition de la femme au temps des premiers empereurs. Les anciennes institutions disparues laissaient la femme aussi libre que l'homme.

La tutelle perpétuelle déférée aux agnats s'était transformée tellement, que la femme pouvait se choisir un tuteur quand et comme bon lui semblait.

La *manus,* qui mettait la femme sous l'autorité de son mari, qui absorbait son patrimoine, n'existait plus; mais, au contraire, la dot de la femme était déclarée inaliénable; et quant aux rapports personnels des époux, en réalité un principe les dominait, à savoir : l'obligation imposée au mari de restituer la dot au gré de la femme; et, le plus souvent, la femme, par l'action dotale, tenait le mari en son pouvoir.

Cette législation nouvelle devait être suivie d'une réaction. Sous prétexte de restaurer les mœurs publiques, on s'efforça de ramener la femme sous l'autorité dont elle avait été émancipée.

Mais la constitution de l'antique famille romaine était en si complète décadence, le lien conjugal s'était tellement relâché, que le respect du mariage et de la famille et le maintien de l'intégrité de ces institutions ne pouvaient plus servir de prétexte pour frapper la femme d'incapacité.

Aussi, désormais, ce n'est plus au nom de la famille, au nom du mariage, que l'on restreint la capacité civile de la femme, mais par des considérations d'intérêt public.

Les lois Oppia et Voconia furent des essais dans ce genre; mais leurs prohibitions furent éludées, quelquefois même ouvertement violées.

Plus tard, les lois Julia et Papia Poppœa furent des tentatives impuissantes à réprimer le désordre moral d'une société en décadence. On chercha à ramener les femmes à l'austérité des mœurs d'autrefois, et, pour atteindre ce résultat, on crut devoir les astreindre à s'occuper exclusivement de leurs affaires domestiques : « Ne contra pudicitiam sexui congruentem alienis » causis se immisceant, ne virilibus officiis fungantur » mulieres. » Le sénatus-consulte Velléien se rapporte à cet ordre d'idées.

DU SÉNATUS-CONSULTE VELLÉIEN.

Sous le règne de Claude, l'an 46 de notre ère, Marcus Silanus et Velleius Tutor étant consuls, un sénatus-consulte, sanctionnant une jurisprudence antérieure, frappa la femme de l'incapacité d'intercéder.

En voici le texte :

« Quod Marcus Silanus et Velleius Tutor, consules,
» verba fecerunt de obligationibus feminarum, quæ
» pro aliis reæ fierent, quid de ea re fieri oportet, de
» ea re ita consuluerunt :

» Quod ad fidejussiones et mutui dationes pro aliis
» quibus intercesserint feminæ, pertinet, tametsi ante
» videtur ita jus dictum esse, ne eo nomine ab his
» petitio fiat, neve in eas actio detur, cum eas virilibus
» officiis fungi et ejus generis obligationibus obstringi
» non sitæ quum, arbitrari senatum recte atque ordine
» facturos, ad quosde ea re in jure aditum erit, si de-
» derint operam ut in ea re senatus voluntas servatur. »

Avant d'examiner au fond ce sénatus-consulte, avant d'en apprécier le sens et la portée juridique, il convient d'en rechercher et d'en préciser les motifs.

Deux systèmes sont en présence : ou bien le sénatus-consulte Velléien a été rendu dans l'intérêt des femmes, pour les protéger contre l'incapacité et la faiblesse inhérentes à leur sexe ; ou bien ce sénatus-consulte a été rendu contre les femmes, afin de les exclure de tout office viril ou civil, dans l'intérêt de la morale publique.

C'est, je crois, ce dernier système qu'il convient d'adopter. Considérons, en effet, quelle était la société romaine au temps du sénatus-consulte Velléien. La femme s'était dégagée de la tutelle des agnats, la *manus* n'existait plus ou les effets en étaient paralysés par l'institution de la dot, dont l'inaliénabilité, jointe à la faculté du divorce, asservissait, le plus souvent, le mari à la discrétion de la femme.

La femme, étant ainsi libre comme l'homme, avait obtenu un tel ascendant que les législateurs s'en étaient vivement émus. Déjà la loi Oppia avait essayé, mais en vain, de mettre un frein au luxe et à la démoralisation qui en était la conséquence ; l'influence des femmes triompha de l'éloquence du vieux Caton et de son obstination légendaire.

Bientôt après, le législateur sentit la nécessité de revenir sur cet échec, et, pour arrêter le luxe dans sa source, il empêcha la femme de s'enrichir. On soumit d'abord les donations à des restrictions fort étroites, et par la loi Vocania, on déclara que la femme ne pourrait recevoir de libéralités par testament que dans certaines limites.

Enfin, de nombreuses prescriptions législatives, dans le but d'obliger la femme à s'occuper exclusivement de soins domestiques, la déclarèrent incapable de tout emploi civil ; elle ne pouvait exercer ni la puissance paternelle, ni la tutelle, ni la curatelle ; elle ne pouvait pas gérer de magistrature, ni se porter accusatrice ; elle ne pouvait pas prendre la parole devant un juge ; elle ne pouvait pas représenter les tiers en justice.

Comme les motifs qui portaient le législateur à restreindre la capacité de la femme acquéraient une importance chaque jour plus impérieuse, la jurisprudence étendait par assimilation ou par interprétation les incapacités prévues ; et, dans les cas douteux, le législateur intervenait pour en fixer le sens.

C'est ainsi que nous voyons le sénatus-consulte Velléien frappant la femme de l'incapacité d'intercéder pour autrui, et promulguant cette incapacité, non point comme une innovation, mais comme la consécration d'une jurisprudence antérieure, *ante videtur ita jus dictum esse*.

Le sénatus-consulte Velléien n'a donc pour but que de restreindre l'influence des femmes, et de les écarter des affaires civiles et publiques en les rendant incapables d'y figurer.

Certains ont prétendu que le sénatus-consulte Velléien avait eu pour but la protection de la femme dont la confiance était facile à surprendre, et dont le penchant à rendre service pouvait avoir des conséquences désas-

treuses pour sa fortune ; ce sénatus-consulte, a-t-on dit,
était le complément des lois sanctionnant l'inaliénabilité
des biens de la femme.

D'abord, rien ne justifie cette incapacité qu'on attribue généralement à la femme, et qui, le plus souvent,
n'est qu'un prétexte pour l'opprimer. Et, du reste, le
sénatus-consulte Velléien ne déclare la femme incapable
d'intercéder que pour des motifs de convenance, parce
qu'il ne convient pas qu'elle remplisse des charges
civiles, *eas virilibus officiis fungi et ejus generis obligationibus adstringi non æquum est*. Il n'y est nullement
question de priver la femme de ses droits, dans son
intérêt, à cause de son inexpérience et de sa faiblesse.

Nous savons donc ainsi quel est le motif du sénatus-
consulte Velléien ; examinons maintenant quel en est
l'objet.

Nous diviserons notre sujet en quatre parties ; nous
examinerons :

1° Dans quels cas le sénatus-consulte Velléien était
applicable ;

2° Dans quels cas le sénatus-consulte Velléien n'était
pas applicable ;

3° Quels étaient les effets du sénatus-consulte Velléien ;

4° Les innovations de Justinien en cette matière.

CHAPITRE Iᵉʳ.

DANS QUELS CAS LE SÉNATUS-CONSULTE VELLÉIEN ÉTAIT APPLICABLE.

Le sénatus-consulte Velléien défend aux femmes
d'intercéder pour autrui. « Velleiano senatus-consulto
» plenissime comprehensum est ne pro ullo feminæ in-
» tercederent. »

Le sens de cette expression *plenissime comprehensum est* ressort clairement d'un rescrit d'Alexandre,
d'après lequel le sénatus-consulte est applicable, soit
lorsque la femme a pris à sa charge tout ou partie de
l'obligation contractée par un tiers, soit lorsque, dès le
principe, elle s'est constituée débitrice d'une somme
reçue par un tiers.

Le sénatus-consulte Velléien était applicable, lorsque
la femme, s'obligeant pour un tiers, s'engageait sur ses
biens, comme lorsqu'elle s'engageait personnellement.

D'après ce rescrit, comme d'après le texte même du
sénatus-consulte *(quod ad fidejussiones et mutui datioñes
pertinet)*, nous distinguerons donc deux espèces d'intercessions :

1° Celle par laquelle la femme s'engage seule, ou
concurremment avec autrui pour garantir une obligation préexistante ;

2° Celle par laquelle la femme s'engageant dès le

p.incipe, *ab initio*, contracte une dette au lieu et place du tiers qui en profite.

La femme intercède ainsi :

I. *Par l'adpromissio* :

L'adpromissio était un contrat verbal, une stipulation par laquelle une caution s'adjoignait au débiteur en promettant la même chose accessoirement à lui et pour lui.

Cette stipulation se développa sous deux formes, la *sponsio* et la *fidepromissio;* plus tard la sponsio et la fidepromissio disparurent à leur tour devant une forme plus libre et d'une application plus générale : la *fidejussio.*

La fidejussion avait pour effet de donner au créancier de la dette principale un second débiteur qui répondait de cette dette conjointement avec le débiteur principal ; ainsi donc, l'*adpromissio,* la *sponsio,* la *fidejussio* constituaient des intercessions et tombaient sous l'application du sénatus-consulte Velléien.

II. *Par l'expromissio* :

L'expromissio constitue une novation. Elle se produit lorsqu'un tiers s'engage envers le créancier au lieu et place du débiteur ; la nouvelle obligation éteignant et remplaçant la première, le débiteur se trouve ainsi libéré, et le tiers, l'auteur de l'expromissio, l'ex-promissor prend la dette à sa charge.

L'expromission étant une intercession, quand elle est faite par une femme, est nulle par application du sénatus-consulte Velléien.

L'expromission proprement dite, celle dont nous venons de parler, exige le consentement du créancier, mais non celui du débiteur. Titius, par exemple, doit à Sempronius dix écus d'or; Seius peut, au moyen d'une expromission, se charger de cette dette et libérer ainsi le débiteur Titius; pour la validité de cette ex-promission, le consentement du créancier Sempronius est nécessaire, mais celui du débiteur Titius ne l'est point.

Quand, au contraire, l'expromission a lieu par le fait du débiteur ; quand un débiteur procure à son créan-cier un autre débiteur à sa place, l'expromission s'ap-pelle *délégation*. Dans ce cas, l'intercession prévue par le sénatus-consulte Velléien peut avoir lieu.

III. *Par délégation :*

Quand il y a délégation, des distinctions sont à faire :

Dans la délégation, en effet, la femme peut jouer un double rôle ; elle peut être déléguée, elle peut être délégante.

A. Dans le premier cas, lorsque la femme est délé-guée, une sous-distinction est nécessaire.

a. La femme peut être déléguée par son propre

créancier à un créancier nouveau. Titius, par exemple, est créancier de Seia pour dix écus d'or, et débiteur de Sempronius pour égale somme ; au lieu de payer Sempronius, Titius lui délègue Seia, sa débitrice ; dans ce cas, le sénatus-consulte Velléien n'est point applicable, car Seia, en s'obligeant à l'égard de Sempronius, pour le compte de Titius, éteint sa propre dette à l'égard de Titius son créancier.

b. Il peut se faire que la femme s'offre en délégation à un créancier au lieu et place d'un débiteur qui lui est étranger. Titius, par exemple, doit à Sempronius dix écus d'or ; Seia offre de s'obliger envers Sempronius en prenant à sa charge la dette de Titius dont elle n'est point débitrice. Il y a dans ce cas une intercession à laquelle le sénatus-consulte Velléien est applicable.

B. En second lieu, la femme peut être délégante ; et alors une sous-distinction est encore nécessaire.

a. La femme, voulant éteindre la dette d'un tiers, délègue son propre débiteur. Seia est créancière de Titius pour une somme de dix écus d'or. D'autre part, Primus est créancier de Secundus pour égale somme de dix écus d'or. Seia voulant éteindre la dette de Secundus délègue, au lieu et place de Secundus, son propre débiteur Titius ; dans ce cas, le sénatus-consulte Velléien n'est pas applicable, car il n'y a pas intercession ; Seia, en aliénant au profit de Primus sa créance sur Titius, est censée avoir payé une dette.

Mais le sénatus-consulte Velléien serait applicable, il y aurait intercession si, Primus étant créancier de Secundus pour dix écus d'or, Seia donnait mandat à Titius de se constituer débiteur de Primus pour la somme que lui doit Secundus. Il est vrai que Seia ne prend pas à l'égard de Primus la place du débiteur originaire, mais elle ne s'oblige pas moins dans l'intérêt de Primus, elle s'oblige par le mandat qu'elle donne à Titius ou le déléguant à Primus, créancier de Secundus.

b. D'autre part, il se peut que la femme, ayant pris sur elle la dette d'autrui, délègue pour s'en décharger son propre débiteur. Primus étant créancier de Secundus, pour dix écus d'or, Seia s'oblige au lieu et place de Secundus; plus tard, voulant se dégager de l'obligation qu'elle a ainsi contractée, Seia délègue son propre débiteur à Primus; par cette délégation, elle s'acquitte de son intercession; mais comme son intercession, au profit de Secundus envers Primus, était nulle par application du sénatus-consulte Velléien, la délégation par laquelle Seia s'est libérée de l'obligation de son intercession est également nulle, et, de ce chef, Seia a droit à répétition.

L'intercession se produit encore :

IV. Dans la *defensio pro alio* :

Quand la femme se présente en justice pour y prendre la place du défendeur, la litiscontestatio opère une novation, et les charges résultant de la nouvelle obligation prennent naissance en la personne de la femme; le débiteur est libéré de toutes les suites de l'instance, la femme étant en son lieu et place. C'est ainsi que la *defensio pro alio* peut constituer une intercession soumise à l'application du sénatus-consulte Velléien.

On peut assimiler à la *defensio pro alio* l'interrogatio in jure. Quand la femme est actionnée en justice, si elle fait une réponse inexacte, cette réponse servant de base à la décision du juge, la femme se trouve ainsi subir une condamnation qui devait retomber sur un tiers. L'inexactitude d'une réponse faite sur l'interrogation *in jure* peut donc constituer une intercession soumise à l'application du sénatus-consulte Velléien.

V. En matière de compromis, le même principe est applicable. Quand la femme mandataire d'un tiers soumet à la décision d'un arbitre un litige qui intéresse le mandant, elle assume sur elle la conséquence de la sentence arbitrale; dans ce cas, il peut y avoir intercession et application du sénatus-consulte Velléien.

VI. A Rome, on se servait fréquemment de la forme du constitut et du mandat pour rendre le cautionnement civilement obligatoire; par suite, l'intercession prohibée par le sénatus-consulte Velléien pouvait avoir lieu au moyen de ces deux contrats.

Le constitut *pro alio* était un pacte par lequel une personne promettait de payer la dette d'autrui ; ce contrat était une espèce de fidéjussion, mais il en différait sous plusieurs rapports. Quant à la forme, d'abord, il résultait d'un pacte ; la stipulation n'était pas nécessaire ; quant au fond, les principes étaient moins rigoureux qu'en matière de fidéjussion.

Le constitut était donc un moyen pour la femme de prendre à sa charge une obligation préexistante, un moyen d'intercéder.

Il en était de même du mandat.

VII. Le mandat, *mandatum pecuniæ credendæ,* constituait une intercession ; il se produisait dans le cas suivant : Seia voulant cautionner un emprunt de dix écus d'or fait par Titius, donne mandat à Sempronius de prêter dix écus d'or à Titius.

Seia prenant ainsi le rôle de mandant devient responsable envers Sempronius, créancier-mandataire, des suites que l'exécution du mandat entraîne. Seia peut être poursuivie, en vertu de l'action *mandati contraria,* en remboursement de ce que le mandataire Sempronius aura déboursé par suite de l'ordre donné.

VIII. *Concession d'hypothèque.*

Enfin, il y a intercession quand la femme donne sa chose en gage ou l'hypothèque pour sûreté de la dette d'autrui. Dans ce cas, la femme n'est point personnellement obligée ; elle n'est tenue que *propter rem ;* mais cela suffit pour que le sénatus-consulte Velléien soit applicable.

2° De l'intercession par laquelle la femme, s'engageant *ab initio,* dès le principe, contracte une dette au lieu et place du tiers qui en profite.

Ce cas est prévu par le texte même du sénatus-consulte velléien : « *Quod pertinet* AD MUTUI DATIONES *pro aliis quibus intercesserint feminæ.* »

Il se produit dans les circonstances suivantes : Primus veut emprunter une somme d'argent à Secundus ; Seia intervient ; elle s'oblige envers Secundus en lui empruntant l'argent destiné à Primus ; elle prend ainsi la dette à sa charge, au lieu et place de Primus qui en profite. Le sénatus-consulte Velléien prohibe les intercessions de cette nature.

Pour terminer nos explications sur les cas où le sénatus-consulte Velléien est applicable, il nous reste à examiner si toute femme peut invoquer le bénéfice de ce sénatus-consulte, et s'il y a à distinguer la qualité du débiteur au profit duquel la femme intercède, ou la qualité du créancier à l'égard duquel l'intercession se produit.

1° Toute femme capable de contracter est soumise aux prescriptions du sénatus-consulte Velléien ; le texte se sert de l'expression *feminæ,* sans autre détermination; mais le principe et le but de ce sénatus-consulte ne permettent aucune distinction. C'est, du reste, l'opinion des jurisconsultes : « Feminibus omnibus sub- » ventum est, » dit Ulpien; « sine discrimine, sine » delectu, » ajoute Cujas.

Il n'est pas besoin de dire que le sénatus-consulte Velléien n'est pas applicable aux femmes incapables de contracter; leurs engagements, étant frappés de nullité absolue, ne peuvent être l'objet des prescriptions du sénatus-consulte Velléien, qui n'a trait qu'aux intercessions valablement formées d'après les principes généraux du droit.

2° Quant aux débiteurs au profit desquels l'intercession est prohibée, il n'y a pas à faire de distinctions : « Velleiano senatus-consulto plenissime comprehensum » est ne *pro ullo* feminæ intercederent; » la femme ne pourrait pas intercéder pour une femme non plus que pour un homme, *pro ullo* comprenant *pro ulla;* elle ne pourrait même pas intercéder pour un esclave; les dispositions du sénatus-consulte Velléien sont générales et absolues.

Toutefois, par des considérations d'humanité, on y apporta quelques dérogations; ainsi, le préteur admettait quelquefois la femme à représenter en justice ses parents malades, infirmes; elle pouvait aussi agir en justice pour revendiquer la liberté de ses ascendants, de ses descendants, de ses frères et sœurs.

3° Enfin, il n'y avait pas à distinguer la qualité du créancier à l'égard duquel la femme intercédait.

Il y avait cependant deux exceptions à cette règle :

1° Lorsque la femme ayant intercédé dans l'intérêt du débiteur d'un mineur de vingt-cinq ans, ce débiteur n'était devenu insolvable qu'après l'intercession ;

2° Quand la femme intercédait pour un tuteur qu'elle désignait, si le magistrat confirmait la désignation de ce tuteur sous la responsabilité de la mère, le pupille avait un recours contre elle ; le sénatus-consulte Velléien n'était pas applicable.

Le sénatus-consulte Velléien défend aux femmes d'intercéder ; ce qui est prohibé, c'est l'intercession ; dès lors, tout acte qui ne constitue pas une intercession ne tombe pas sous l'application de ce sénatus-consulte. Les principes que nous avons exposés pourraient suffire à déterminer les actes qui constituent une intercession, et nous avons énuméré les divers cas dans lesquels elle pouvait se produire.

Mais afin de préciser davantage le sens et la portée du sénatus-consulte Velléien, nous allons parcourir différentes hypothèses, dans lesquelles on pourrait croire, au premier abord, reconnaître une intercession, mais où quelqu'une des conditions essentielles pour la constituer fait défaut.

Par exemple, il n'y a pas intercession : 1° quand la femme consent une aliénation au profit d'un tiers ;

2° quand la femme, intervenant en apparence pour le compte d'autrui, fait en réalité sa propre affaire; 3° quand la femme s'engage directement envers le débiteur.

1° *Des aliénations :*

La femme peut aliéner à titre onéreux ou à titre gratuit; elle peut, par exemple, payer, déléguer, donner, renoncer à un droit ou à un privilége pour le compte ou dans l'intérêt d'autrui; ce que la loi lui défend, c'est de s'obliger.

Le législateur a pensé, dit-on, que les aliénations immédiates, que les libéralités, par lesquelles on se dépouille sans compensation, entraînent des privations qui en rendent l'excès très rare et peu dangereux. Dès lors, il n'a pas cru devoir les interdire à la femme; il a pensé que ses intérêts étaient trop directement atteints par des actes de cette nature pour qu'elle s'y laissât facilement entraîner.

Quant aux actes d'intercession, ils peuvent offrir de plus graves dangers; la femme qui intercède peut être séduite par des illusions; elle peut compter sur la bonne foi, sur la solvabilité du débiteur qu'elle garantit; enfin, l'exécution de sa promesse n'étant réalisable que dans un avenir lointain, il y a de nombreux motifs pour que, dans ce cas, les intérêts de la femme soient souvent sacrifiés.

C'est ainsi que les commentateurs tâchent de justifier

la distinction que le sénatus-consulte Velléien établit entre les actes d'aliénation et les actes d'intercession.

Mais il est une autre considération plus en harmonie, je crois, avec les motifs du sénatus-consulte Velléien ; nous avons vu que ce sénatus-consulte avait pour but d'écarter, autant que possible, la femme des affaires publiques ou civiles.

Il eût été trop rigoureux d'interdire à la femme les actes d'aliénation ; son incapacité eût été absolue ; mais on pouvait lui défendre l'intercession qui, le plus souvent, n'est pour elle qu'un prétexte pour s'immiscer sans utilité, mais non sans danger, dans les affaires d'autrui, pour exercer *munera civila*.

Si donc, le sénatus-consulte Velléien défend à la femme d'intercéder, c'est pour l'écarter autant que possible des affaires civiles et la restreindre aux occupations domestiques, et si ce sénatus-consulte ne lui interdit pas les aliénations, c'est qu'il eût été trop rigoureux de frapper la femme d'une pareille incapacité. Tel est, je crois, le véritable motif de la distinction entre l'intercession et l'aliénation.

Quoi qu'il en soit, constatons que les actes faits par la femme dans l'intérêt d'autrui ne tomberont pas sous l'application du sénatus-consulte velléien, quand ils auront le caractère d'aliénation.

Par exemple :

La femme peut payer la dette d'un tiers. Titius doit à Sempronius dix écus d'or ; Seia éteint la dette de

Titius en payant les dix écus d'or que Titius doit à Sempronius ; il peut y avoir dans cet acte une donation, mais non point une intercession, et dès lors, le sénatus-consulte Velléien n'est pas applicable.

La femme peut déléguer son débiteur au créancier d'autrui : Primus doit à Secundus dix écus d'or ; Titius doit à Seia pareille somme. Séia peut déléguer à Secundus, créancier de Primus, son débiteur Titius ; cette délégation constituera une *datio* en payement par laquelle la dette de Primus sera éteinte, mais non pas une intercession, et le sénatus-consulte Velléien ne sera pas applicable.

La femme peut également renoncer à l'hypothèque qu'un tiers lui a consentie ; elle peut remettre un gage qu'elle a reçu ; l'abandon d'un droit constituant une aliénation, mais non pas une intercession.

2° La femme peut valablement intercéder quand, par l'intercession, elle fait sa propre affaire ; toutes les fois que l'acte fait par la femme lui procure un avantage, bien qu'en apparence il ait pour but de libérer un tiers, le sénatus-consulte Velléien n'est pas applicable.

Par exemple :

a. La femme n'intercède point par délégation, quand elle est débitrice du déléguant envers qui elle se trouve libérée :

Primus est créancier de Secundus, Secundus est créancier de Seia pour une égale somme ; Secundus délègue Seia en son lieu et place, comme débitrice de

Primus. Seia s'obligeant ainsi par délégation envers Primus ne fait point une intercession ; elle agit dans son propre intérêt, elle se libère de sa dette envers Secundus.

b. Une femme achète une hérédité ; quand les créanciers héréditaires actionnent l'héritier, la femme se présente et s'engage à payer ; elle intercède en apparence, mais en réalité elle agit ainsi dans son propre intérêt.

c. Quand une maison appartient par indivis à Titius et à Seia ; si, la maison étant en danger de périr, il est nécessaire d'emprunter pour faire des réparations indispensables ; Seia empruntant, à cet effet, conjointement et solidairement avec Titius ne fera pas, en garantissant la totalité de la dette, une intercession prohibée, si du moins elle a intérêt à ce que Titius emprunte la somme qu'il est obligé de dépenser pour réparer la maison commune.

3° La femme n'intercède pas, ou du moins son intercession ne tombe pas sous l'application du sénatus-consulte Velléien quand elle reçoit le prix de son intercession.

4° Enfin, la femme n'intercède pas, quand elle s'engage directement envers le débiteur.

Titius doit à Sempronius 1000 sesterces ; Seia peut valablement s'engager envers Titius à payer ce qu'il doit à Sempronius ; il n'y a pas, dans ce cas, intercession, la femme n'étant pas obligée envers Sempronius.

La femme peut acheter une hérédité ; serait-elle

onéreuse, il n'y aurait point intercession ; on ne saurait, en effet, considérer l'hérédité comme un débiteur en faveur duquel la femme intervient auprès des créanciers héréditaires. Et d'autre part, la femme en faisant addition d'hérédité entend faire sa propre affaire ; elle comprend mal ses intérêts si l'hérédité est mauvaise : mais une spéculation mal entendue ne constitue pas, par cela même, une intercession.

CHAPITRE II.

DES CAS OU LE SÉNATUS-CONSULTE VELLÉIEN N'ÉTAIT PAS APPLICABLE.

Nous avons parcouru successivement les cas dans lesquels l'intercession pouvait avoir lieu ; puis nous avons étudié certaines hypothèses dans lesquelles l'intercession n'était qu'en apparence. Il nous reste à voir maintenant quels sont les cas dans lesquels l'intercession existant, le sénatus-consulte Velléien n'est pas applicable.

Il y a trois ordres de motifs principaux qui ne permettent pas à la femme d'invoquer le bénéfice du sénatus-consulte Velléien. Ils consistent : soit dans la cause de l'intercession, soit dans la position du créancier, soit dans le fait de la femme.

Le sénatus-consulte Velléien n'est pas applicable quand la femme intercède *pro dote,* c'est-à-dire dans le but de fournir une dot à une femme quelconque. *Ne indotata sit mulier,* tel est le motif qui porte Justinien à généraliser cette exception.

Justinien décida de même pour le cas où la femme s'obligeait dans le but d'arriver à l'affranchissement d'un esclave. Quand l'affranchissement avait eu lieu, elle ne pouvait plus invoquer le bénéfice du sénatus-consulte Velléien.

Enfin, quand la femme désignait au magistrat un tuteur pour ses enfants, si le magistrat confirmait la désignation de ce tuteur aux risques et périls de la mère, la mère était garante de la gestion du tuteur ; elle ne pouvait pas invoquer le sénatus-consulte Velléien pour se soustraire aux conséquences de son intercession.

Enfin, nous avons dit précédemment que la femme pouvait valablement intercéder en comparaissant en justice, soit pour revendiquer la liberté de ses parents, soit pour défendre en justice la cause de ses parents que l'âge empêchait d'agir.

2° Exceptions motivées sur la position du créancier.

Nous avons déjà vu que la femme ne peut pas invoquer le sénatus-consulte Velléien quand elle intercède au profit du débiteur d'un mineur de vingt-cinq ans, si le débiteur devient insolvable après l'intercession.

Il importe de préciser à cet égard le sens et la portée de cette exception au sénatus-consulte Velléien.

Primus est mineur de vingt-cinq ans, il a pour débiteur Secundus; Seia intercède pour Secundus. Cette intercession sera nulle si Secundus reste solvable, car alors Primus, son créancier, pourra l'actionner et en obtenir paiement, dans le cas même où l'intercession aurait été de nature à libérer Secundus. L'intercession étant nulle, en vertu du sénatus-consulte Velléien, la libération de Secundus subira le même sort, et Primus conservera son action première contre Secundus; cette action sera aussi efficace que si Seia n'était pas intervenue, et Primus n'éprouvera pas dès lors de préjudice.

Mais, si le débiteur Secundus devient insolvable, comme Primus eût obtenu le paiement de Secundus si Seia n'était pas intervenue, il éprouve un préjudice par suite de l'intervention de Seia.

Il y a, dans ce cas, deux intérêts en présence : celui de la femme et celui du mineur. Le législateur est plus favorable au mineur, et laisse l'insolvabilité du débiteur à la charge de la femme intervenante, en ne lui permettant pas d'invoquer le sénatus-consulte Velléien.

La nature de certains contrats empêche souvent les tiers de reconnaître l'existence de l'intercession, et si, en pareil cas, le sénatus-consulte Velléien eût permis à la femme de se dégager de ses obligations, les créanciers auraient été victimes de dangers qu'il leur eût été impossible de prévoir, et leur défiance à l'égard de toute femme serait devenue telle qu'ils eussent difficilement consenti à traiter avec elle ; et, dès lors, le sénatus-consulte Velléien, qui a pour but de protéger la femme, lui aurait été funeste en empêchant les tiers de traiter avec elle.

Par exemple, quand la femme emprunte une somme d'argent, le créancier ne peut pas en surveiller l'emploi, il ne peut pas savoir si l'argent qu'il prête ne constitue pas un emprunt fait pour le compte d'un tiers.

Aussi, le sénatus-consulte Velléien n'est pas applicable quand il est impossible au créancier de reconnaître une intercession dans les obligations que la femme contracte ; il est applicable au contraire si le créancier connaît l'intercession, ou si son ignorance est inexcusable.

3° Exceptions motivées sur le fait de la femme.

Le sénatus-consulte Velléien ne vient au secours de la femme qu'autant qu'elle n'a pas usé de fraude : *deceptis non decipientibus opitulatur*.

Quand la femme, par des dissimulations ou par des manœuvres frauduleuses, fait croire à son créancier qu'elle s'oblige dans son propre intérêt ; quand elle contracte un engagement, sachant qu'elle peut en demander la nullité d'après le sénatus-consulte Velléien, la loi décide que son intercession sera déclarée valable.

Par exemple, la femme, interrogée *in jure*, se déclare mensongèrement héritière; son intercession est valable; son intention de nuire aux créanciers de l'hérédité la rend non recevable à invoquer le bénéfice du sénatus-consulte Velléien : *decipientibus mulieribus senatus-consultum auxilio non est.*

De même, quand le mari constitue au profit d'un tiers un droit d'hypothèque ou un bien qui appartient à sa femme, si la femme a connaissance de ce contrat et ne s'y oppose point, il y a de sa part une adhésion tacite qui ne lui permet pas d'invoquer le bénéfice du sénatus-consulte Velléien.

La femme pouvait encore, par son fait, par une renonciation, rendre le sénatus-consulte Velléien inapplicable :

Quand, par exemple, intercédant pour un tiers autre que son mari, elle renouvelait son intercession au bout de deux ans, cette persistance de la femme faisait supposer qu'elle avait intérêt à faire cette intercession.

Pour que cette confirmation fût efficace, il fallait que, au moment où elle avait lieu, la femme eût atteint sa majorité, et, de plus, il fallait que le mari fût étranger à l'intercession.

Le sénatus-consulte Velléien n'était pas applicable

non plus, quand la femme avait reçu le prix de son intercession.

La femme pouvait aussi renoncer au bénéfice du sénatus-consulte Velléien, quand, pour soustraire un débiteur aux poursuites judiciaires de son créancier, elle intercédait pour lui et promettait sous caution de ne pas avoir recours à ce sénatus-consulte.

Enfin, quand la femme voulait obtenir la tutelle de ses descendants, elle devait prendre certains engagements, celui de ne pas se remarier, celui de renoncer au sénatus-consulte Velléien.

En dehors de ces cas spécialement prévus, on s'est demandé si la femme avait la faculté de renoncer au sénatus-consulte Velléien d'une manière générale, et quand bon lui semblait.

L'affirmative et la négative ont eu d'illustres partisans. Mais je ne crois pas que l'on puisse trouver dans les textes un argument assez sérieux, assez décisif pour motiver le droit de renonciation ; et, en l'absence d'un texte précis, ce droit de renonciation ne saurait être admis, car il est en contradiction avec le principe et le but du sénatus-consulte Velléien.

En effet, à quoi bon édicter ce sénatus-consulte si on eût laissé à la femme la faculté d'en méconnaître les dispositions? Comment admettre que le législateur, voulant frapper la femme d'incapacité, lui eût laissé la faculté de se soustraire aux prohibitions qu'il lui imposait?

L'inconséquence d'une pareille théorie se trouve, au reste, démontrée par l'innovation de Justinien, qui permit à la femme de renoncer au sénatus-consulte Velléien, en confirmant son intercession deux ans après qu'elle aurait eu lieu ; c'était admettre implicitement que la renonciation n'était pas possible au moment de l'intercession.

Et qu'on ne dise pas que, toute personne pouvant renoncer aux dispositions législatives introduites en sa faveur, la femme pouvait renoncer au sénatus-consulte Velléien dont le but était de la protéger.

L'incapacité résultant du sénatus-consulte Velléien était d'ordre public ; ce sénatus-consulte n'avait pas été introduit seulement dans le but de protéger la femme, mais aussi dans l'intérêt des mœurs et de la politique.

Enfin, quant aux trois cas exceptionnels dans lesquels il était permis à la femme de renoncer au bénéfice du sénatus-consulte Velléien, ils se motivent par des considérations spéciales.

Il faut donc, en l'absence de texte précis, décider que la femme ne peut renoncer à ce sénatus-consulte et se soustraire à ses dispositions que dans les cas spécialement et exceptionnellement prévus.

CHAPITRE III.

Le sénatus-consulte velléien produit une double conséquence : 1° il infirme l'obligation contractée par la femme ; 2° il fait revivre, dans l'intérêt du créancier, l'obligation pour laquelle la femme était intervenue.

1° Le sénatus-consulte Velléien infirme l'obligation contractée par la femme.

Par rapport à la femme et à ses ayants-cause, les effets du sénatus-consulte Velléien consistent, soit dans un refus·d'action, soit dans une exception, soit, enfin, dans une *condictio indebiti* ou dans une revendication.

1° *Refus d'action.*

Le sénatus-consulte prévoit expressément le refus d'action : *ne eo nomine ab his petitiat, neve in eas actio detur;* le créancier ne peut donc obtenir contre la femme intercédante ni action réelle *(petitio)*, ni action personnelle *(actio);* c'est en cela que consiste la sanction principale des dispositions prohibitives du sénatus-consulte.

Le refus d'action produit une efficacité radicale quand la preuve de la nullité de l'engagement est acquise, c'est-à-dire quand le fait de l'intercession et de l'application du sénatus-consulte Velléien n'est pas contestée.

2° *De l'exception :*

Mais si le demandeur soutient que l'engagement contracté par la femme n'est pas une intercession, ou que cette intercession ne tombe pas sous l'application du sénatus-consulte Velléien, le préteur n'examine pas lui-même la question ; il renvoie les parties devant le juge et insère dans la formule délivrée au demandeur une exception tirée du sénatus-consulte Velléien, et conçue en ces termes : *si nihil, in ea re, contra senatus-consultum Velleianum factum sit.*

Ainsi, la femme bénéficie du sénatus-consulte Velléien, tantôt directement, quand le préteur refuse toute action au créancier, tantôt indirectement par voie d'exception.

Cette exception était perpétuelle et péremptoire.

Elle était perpétuelle, et voici le sens de cette qualification :

Quand une exception, en général, était perpétuelle, celui qui devait en bénéficier pouvait l'invoquer jusqu'au moment de sa condamnation. Lorsque, dans la formule de l'action, le défendeur n'avait pas fait insérer l'exception qui le protégeait, il pouvait faire substituer à cette première formule une seconde, dans laquelle il faisait insérer l'exception qui manquait dans la première ; mais ce changement devait précéder le jugement, car, après la condamnation prononcée contre lui, le défendeur était forclos ; l'action résultant du jugement ne pouvait pas être paralysée par l'exception que le défendeur aurait pu invoquer contre l'obligation qui avait donné lieu à la condamnation.

Tel est le sens général de l'expression « *exception perpétuelle* ». Mais l'exception perpétuelle qui résulte du sénatus-consulte Velléien est toute particulière ; elle a des effets plus étendus et peut être invoquée, non seulement avant le jugement, mais encore après la condamnation prononcée, et paralyser ainsi l'action qui résulte du jugement.

Nous avons dit, en second lieu, que l'exception tirée du sénatus-consulte Velléien était péremptoire ; elle était *rei cohœrens,* inhérente à la chose ; de sorte que cette exception pouvait être invoquée, non seulement par la femme intercédante, mais encore par tous ceux qui se trouvaient engagés dans l'obligation contractée par elle, au mépris du sénatus-consulte Velléien.

Le sénatus-consulte Velléien annulait l'intercession de la femme d'une manière absolue, et faisait disparaître toute obligation civile et toute obligation naturelle.

Dès lors, le bénéfice du sénatus-consulte Velléien ne profitait pas seulement à la femme, il profitait encore :

A ses héritiers ;

A ses mandataires ;

A ses fidéjusseurs.

Quant à ses fidéjusseurs, il n'y avait pas à distinguer s'ils avaient agi *animo donandi,* ou s'ils avaient mandat de la femme, de manière à pouvoir recourir contre elle.

On doit considérer comme fidéjusseurs de la femme le tiers qui a hypothéqué ses biens pour garantir l'intercession de la femme, le tiers délégué par la femme sans être son fidéjusseur, et enfin le fidéjusseur du débiteur principal qui s'oblige, de bonne foi, sur le mandat de la femme; son engagement sera nul, si le créancier a connu l'intercession.

Primus, par exemple, est créancier de Secundus; Seia donne mandat à Titius, son débiteur, d'*intervenir* pour Secundus; si le créancier Primus a connu le mandat, la fidéjussion sera nulle à son égard.

L'exception tirée du sénatus-consulte Velléien peut être opposée à toute personne qui invoque l'intercession de la femme pour agir contre elle : elle peut être opposée au créancier, au fidéjusseur, au mandataire.

Nous avons dit que les prescriptions du sénatus-consulte Velléien étaient applicables par voie d'exception; elles peuvent l'être aussi comme exception à une autre exception, c'est-à-dire par voie de réplique. Par exemple : Titius est débiteur de Sempronius, Seia livre à Sempronius un objet en gage pour sûreté de la dette de Titius. Si, plus tard, elle revendique l'objet qu'elle a donné en gage, Sempronius lui opposera l'exception résultant de la constitution de gage; mais Seia lui répondra par l'exception tirée du sénatus-consulte Velléien.

Du reste, que le bénéfice de ce sénatus-consulte soit invoqué sous forme d'exception, ou sous forme de réplique, les règles sont les mêmes.

3° *De la condictio indebiti et de la revendication :*

Condictio indebiti. — Lorsque la femme a exécuté l'obligation qui résultait de son intercession, l'exception qui lui est accordée et le refus de toute action au créancier ne suffiraient point à protéger la femme contre son engagement.

Aussi, la femme obtient, dans cette circonstance, la *condictio indebiti,* qui lui permet de répéter ce qu'elle a payé, alors que le sénatus-consulte Velléien lui permettait de ne pas le faire.

La femme qui paie, parce qu'elle ignore qu'elle peut ne pas le faire, commet une erreur de droit ; mais cette erreur de droit ne s'oppose pas à la répétition, soit parce qu'elle est excusable quand elle émane de la femme, soit parce qu'il faut en tenir compte exceptionnellement dans l'application du sénatus-consulte Velléien.

La femme aurait également la *condictio indebiti,* si, au lieu de faire un paiement, elle avait délégué son débiteur ou un tiers.

Mais si la femme acquittait l'obligation qui résulte de son intercession, sachant que le sénatus-consulte Velléien lui permet de ne pas le faire, la *condictio indebiti* ne lui serait pas accordée : *indebitum sciens solutum non recte repetit.*

Revendication. — De même que la femme peut répéter ce qu'elle a payé quand elle pouvait se dispenser de
le faire, de même elle peut revendiquer la chose qu'elle a
donnée en gage, ou qu'elle a livrée *intercessionis causa;*
et elle peut exercer la revendication contre tout déten-
teur, tant contre celui qui a reçu la chose directement
que contre ceux qui l'ont acquise subséquemment.

Cette faculté accordée à la femme de répéter ce
qu'elle a livré ou payé a fait admettre, comme
conséquence, que le sénatus-consulte Velléien éteint
d'une manière absolue l'intercession faite par la femme :
« totam obligationem improbat ; » il n'en subsiste pas
même une obligation naturelle, car autrement le droit
de répétition ne serait pas admis.

2° Effets du sénatus-consulte Velléien par rapport au créancier.

Titius étant débiteur de Sempronius, quand Seia
par son intercession libère Titius, le sénatus-consulte
Velléien déclare l'intercession nulle, et le créancier
Sempronius se trouve ainsi complètement dépouillé;
en effet, il n'a plus d'action contre son débiteur pri-
mitif Titius, qu'il a libéré en acceptant l'intervention
de Seia.

Cette conséquence de la nullité de l'intercession était
injuste, et comme, du reste, le sénatus-consulte ne
l'avait pas formellement prévue, le préteur y subvenait
par des mesures d'équité.

Après avoir refusé l'action au créancier qui poursuivait la femme intercédante, ou après avoir inséré dans la formule l'exception au profit de la femme défenderesse, cette exception étant justifiée, le préteur restituait au créancier l'action primitive contre le débiteur, action que le créancier avait perdue par la novation résultant de l'intercession de la femme.

Je n'ai pas besoin de dire que si l'intercession n'avait eu pour effet que de constituer une caution, une garantie, si, malgré l'intercession de la femme, il n'y avait pas extinction ou restriction de l'obligation du débiteur, le créancier n'aurait pas de restitution à demander; car, en perdant le bénéfice de l'intercession, il se retrouverait dans sa situation première; ses rapports avec son débiteur ne seraient nullement atteints.

Par suite, en traitant de la restitution que le préteur accorde au créancier, nous supposerons que la femme, par son intercession, s'est substituée au débiteur, qu'elle a libéré par novation.

Nous examinerons successivement : 1° quel est le caractère de cette restitution; 2° dans quels cas elle elle est accordée, et dans quels cas elle ne l'est pas; 3° à qui et contre qui elle est accordée; 4° dans quelle période elle peut être exercée.

1° Caractère de la restitution.

L'action restituée au créancier portait plusieurs noms : on l'appelait généralement *pristina actio;* on l'appelait aussi *actio restitutoria,* ou *rescisoria,* parce que le préteur accordait cette action au créancier *rescisa feminœ intercessione;* on l'appelait enfin *actio utilis,* par opposition à l'action directe donnée contre la femme.

Quant à la nature de cette action, les textes ne fournissent pas de solution précise, et les commentateurs ne sont pas d'accord; les uns la considèrent comme une *restitutio in integrum;* d'autres ne voient en elle qu'une simple *actio utilis,* une de ces actions que le préteur introduisait au moyen de fictions quand l'équité l'exigeait.

Cette dernière opinion me paraît seule admissible.

D'abord, dans le *Digeste,* au titre de la *restitutio in integrum,* il n'est pas question du créancier dont nous nous occupons; puis, la *restitutio in integrum* devait être demandée dans un certain délai, tandis que l'action restitutoire dont il s'agit était perpétuelle; en outre, la *restitutio in integrum* n'était accordée qu'autant que le créancier n'avait pas d'autre voie pour obtenir justice, tandis que l'action *restitutoria* pouvait être exercée concurremment avec d'autres actions; enfin, la *restitutio in integrum* était soumise à une procédure particulière; le préteur ne l'accordait qu'après avoir examiné l'affaire; il recherchait la preuve de la lésion, et, suivant que cette lésion paraissait ou non justifiée, il accordait ou refusait l'autorisation; dans l'*actio restitutoria,* le préteur ne se livrait pas à l'examen des faits, la procédure de la *restitutio in integrum* n'était pas appliquée.

De plus, la *restitutio in integrum* était une voie extraordinaire, *extraordinarium auxilium*, tandis que Gaius nous dit, au sujet de la restitution d'action dont s'agit : *Communi jure, in priorem debitorem actio restituitur*.

De tout cela, il faut conclure que l'*actio restitutoria* accordée au créancier victime de la nullité de l'intercession de la femme, n'est pas une *restitutio in integrum* proprement dite, mais une action utile, en vertu de laquelle le créancier exerce ses droits comme si son action primitive n'avait pas été éteinte.

2° *Dans quels cas l'*actio restitutoria *est-elle ou n'est-elle pas accordée?*

Cette *actio restitutoria* est accordée toutes les fois que le créancier souffre de l'exception du sénatus-consulte Velléien.

Pour qu'il en soit ainsi, il faut que l'intercession de la femme ait éteint ou tout au moins restreint l'obligation du débiteur ; il importe peu que l'extinction de l'obligation soit la conséquence directe ou indirecte de l'intercession ; mais il est indispensable que la libération du débiteur soit effectivement la conséquence de l'intercession ; si, par exemple, l'intercession qui libère le débiteur étant valable, le créancier fait disparaître l'intercession au moyen d'une acceptilation, pensant ainsi faire revivre l'obligation du premier débiteur, l'*actio restitutoria* ne sera pas accordée.

Il est d'autres cas où l'*actio restitutoria* ne serait pas accordée au créancier :

Toutes les fois que le sénatus-consulte Velléien n'est pas applicable, l'intercession de la femme étant valable, le créancier n'éprouve aucun préjudice et, par suite, n'a pas de restitution à demander.

Il faut admettre la même solution dans le cas où l'intercession étant nulle dès l'origine, la femme exécute quand même son obligation et se met ainsi dans l'impossibilité d'exercer la *condictio indebiti*.

Il faut également décider ainsi quand la femme, pour empêcher que le débiteur en faveur duquel elle a intercédé ne soit poursuivi et condamné, offre de prendre à sa charge la condamnation ; si elle donne caution garantissant qu'elle n'invoquera pas le sénatus-consulte Velléien, son intercession sera valable, le débiteur sera libéré et le créancier ne pourra pas obtenir de restitution, puisque le contrat qu'il a fait produit toutes les conséquences qu'il pouvait en attendre.

L'*actio restitutoria* n'est pas accordée au créancier quand elle ne peut pas lui être utile ; si, par exemple, un incapable s'étant obligé, la femme intercède en sa faveur ; si cette intercession étant nulle a libéré le débiteur, le créancier ne souffre pas de cette libération, car, si l'incapable était encore obligé à son égard, il ne pourrait rien exiger de lui.

L'action restitutoire n'est pas accordée au créancier quand l'exception tirée du sénatus-consulte Velléien ne lui cause aucun préjudice. Par exemple : Primus est débiteur de Secundus ; Secundus promet de libérer son débiteur s'il fournit un *expromissor ;* Primus offre une femme qui s'engage à sa place, et il se trouve ainsi libéré.

Si l'intercession est nulle, le créancier aura perdu son action contre Primus, son débiteur, mais il n'aura pas besoin de l'*actio restitutoria* pour la recouvrer ; il aura la *condictio causa data, causa non secuta ;* le débiteur avait été libéré sous condition qu'il fournirait un *expromissor,* et il n'a pas accompli cette condition, puisqu'il n'a pas fourni d'*expromissor* ou qu'il n'en a fourni qu'un incapable.

3° *A qui et contre qui* l'actio restitutoria *est-elle donnée?*

Cette *actio restitutoria* est accordée à tous ceux à qui la femme pourrait opposer l'exception du sénatus-consulte Velléien. Par suite, elle appartient, non-seulement au créancier, mais à ses héritiers et à ses successeurs.

L'*actio restitutoria* ayant pour but de rétablir le créancier dans la situation où il était avant l'intercession, elle doit donc être accordée contre tous ceux que l'intercession a libérés ; par suite :

1° Contre l'ancien débiteur, contre le débiteur libéré par l'intercession ;

2° Contre les héritiers et autres successeurs du débiteur ;

3° Contre les débiteurs accessoires, fidéjusseurs, etc.;

4° Contre chacun des débiteurs solidaires, soit que la femme ait intercédé pour tous ou pour l'un deux seulement; dans les deux cas, l'intercession libère tous les débiteurs;

5° Contre la femme elle-même quand elle a succédé au débiteur libéré; dans ce cas, le créancier n'aura pas besoin de l'*actio restitutoria ;* il pourra poursuivre la femme par l'action directe, celle-ci n'ayant pas intérêt à opposer l'exception du sénatus-consulte Velléien, puisqu'elle serait responsable de la nullité de l'intercession qu'elle ferait ainsi prononcer;

6° Contre le maître de l'esclave ou contre le père de celui pour lequel la femme a intercédé; toutefois, dans le cas seulement où le maître ou le père aurait pu être poursuivi par l'obligation contractée par le fils ou l'esclave;

7° Enfin, l'*actio restitutoria* est accordée même contre le tiers qui n'a jamais été débiteur, mais qui l'aurait été si la femme n'était par intervenue.

Primus va s'obliger envers Secundus, Seia intervient, prend à sa charge l'obligation qu'allait contracter Secundus, et dont ce dernier bénéficie.

Si l'intercession de Seia est nulle, Primus pourra recourir contre Secundus. Ulpien dit que, dans ce cas, le préteur *magis instituit quam restituit obligationem ;* il en sera de même dans tous les cas où la femme s'est interposée pour un tiers en s'obligeant comme pour elle,

4° *Dans quelle période l'action restitutoire peut-elle être intentée?*

L'action restitutoire peut être exercée dès que le créancier apprend que l'obligation contractée par la femme à son égard tombe sous l'application du sénatus-consulte Velléien.

Le créancier menacé de perdre le bénéfice que lui procure l'intercession de la femme n'est pas tenu d'attendre que la femme ait excipé du sénatus-consulte Velléien ; ou, si elle a payé ou livré, qu'elle ait exercé la revendication.

On comprend le motif de cette disposition : la nullité de l'obligation de la femme étant certaine, si l'on avait imposé des délais au créancier, on aurait pu l'exposer à de fâcheuses éventualités ; son ancien débiteur pouvant devenir insolvable, il importe de l'actionner le plus tôt possible.

C'est donc pour sauvegarder les intérêts du créancier qu'on lui accorde la faculté d'exercer l'action restitutoire aussitôt après l'intercession de la femme.

Quant à la durée de cette action, il n'y a pas de terme fixé ; mais sa nature même le détermine. L'action restitutoire a pour but et pour effet de replacer le créancier dans la position où il était avant l'intercession ; la nouvelle action aura donc la même durée que celle éteinte par l'intercession de la femme. Si les délais pour l'exercice de l'action avaient commencé à courir avant l'intercession, ils seraient suspendus au moment où elle se produit, pour courir de nouveau à partir de la restitution de l'action.

CHAPITRE IV.

INNOVATIONS DE JUSTINIEN.

Les innovations de Justinien concernent :

1° Le renouvellement de l'intercession ;

2° La déclaration que la femme a reçu le prix de l'intercession ;

3° L'intercession pour cause de dot ;

4° L'intercession pour cause de liberté ;

5° La nécessité d'un acte authentique ;

6° L'intercession pour le mari.

1° *Renouvellement de l'intercession.*

Quand la femme fait une intercession nulle d'après le sénatus-consulte Velléien, si deux ans plus tard elle ratifie ou renouvelle cette intercession, elle la valide ainsi. Justinien suppose que cette persistance prouve que la femme avait un intérêt personnel dans l'intercession qu'elle a faite.

Pour que cette seconde intercession valide la première, il faut que la femme soit majeure ; il n'est pas nécessaire que la femme soit majeure lors de la première, car c'est par la seconde seulement qu'elle s'oblige, *ex secunda sese obnoxiam facit.*

2° *Déclaration de la femme qu'elle a reçu le prix de l'intercession.*

Quand la femme a reçu le prix de l'intercession, le sénatus-consulte Velléien cesse d'être applicable, parce que, dans ce cas, la femme reçoit l'équivalent de son obligation ; en réalité, elle ne fait que remplir un mandat salarié.

Justinien décide que, pour la validité de l'intercession, il suffit que la femme ait reçu quelque chose à quelque époque que ce soit, et quelle que soit l'importance de ce qui lui a été donné.

Quant à la preuve de la réception du prix, Justinien déclare que si, dans un acte signé par trois témoins, la femme a déclaré qu'elle avait reçu le prix de son intercession, la preuve contraire ne sera pas recevable ; mais, à part ce cas exceptionnel, la preuve aura lieu par les moyens ordinaires.

Justinien fournissait ainsi à la femme un moyen indirect de se soustraire aux prohibitions du sénatus-consulte Velléien.

3° *Intercessions pour cause de dot.*

Primitivement, l'intercession pour cause de dot n'était

permise que dans le cas où la mère voulait doter sa fille ; on considérait qu'en intercédant pour ce motif, la mère agissait dans son intérêt, dans un intérêt moral, sinon pécuniaire ; elle accomplissait une obligation naturelle.

Justinien généralisa cette exception et décida que toute intercession de la femme ayant pour cause une dot serait valable sans distinction.

4° *Intercessions pro libertate.*

Quand une femme intercédait pour qu'un maître affranchît son esclave, l'intercession était valable. Justinien consacra cette dérogation au sénatus-consulte Velléien, en faveur des affranchissements.

5° *Nécessité d'un acte authentique.*

Justinien soumit la validité de l'intercession de la femme à la rédaction d'un acte public ; cet acte doit être signé par trois témoins.

Quand un pareil acte a été dressé, tout se passe comme dans l'ancien droit, le sénatus-consulte Velléien reçoit son plein et entier effet ; l'intercession de la femme est tantôt nulle, tantôt valable, suivant les distinctions de ce sénatus-consulte.

Mais quand l'acte public n'a pas été dressé, quand cet acte n'est pas revêtu de la signature de trois témoins, l'opération tout entière est frappée de nullité, l'acte est nul de plein droit ; la femme n'est pas obligée, alors même qu'elle se trouverait dans une hypothèse où par exception au sénatus-consulte Velléien, elle aurait pu valablement intercéder.

6° *Intercessions pour le mari.*

Antérieurement au sénatus-consulte Velléien, et dès le temps de la république, il avait été défendu à la femme d'intercéder pour son mari. Ces décisions, émanées des prudents, furent confirmées par des édits d'Auguste et de Claude.

Ces édits consacrent un droit spécial, des incapacités spéciales aux femmes mariées, incapacités que le sénatus-consulte Velléien généralisa.

Justinien, dans la Novelle 134, qui forme l'authentique *si qua mulier,* déclare que toute obligation de la femme pour son mari sera radicalement nulle.

Cette Novelle étend les prohibitions du sénatus-consulte Velléien, car ses dispositions sont applicables au cas où, par exception, la femme pouvait valablement intercéder, et, de plus, toute ratification directe ou indirecte était prohibée.

Ainsi, nous voyons s'établir sous Justinien une démarcation bien tranchée entre la femme mariée et celle qui ne l'est pas, quant à leur capacité de contracter.

Antérieurement, sous l'empire du sénatus-consulte Velléien, la capacité de toutes les femmes était régie par une loi commune. A partir de Justinien, les rigueurs de ce sénatus-consulte furent tempérées par des exceptions dont bénéficiaient seulement les femmes non mariées, et de nouvelles prohibitions furent édictées concernant les femmes mariées.

CE QUE DEVINT LE SÉNATUS-CONSULTE VELLÉIEN.

Le principe sur lequel repose le sénatus-consulte Velléien paraît si conforme à l'intérêt des sociétés, que ce document législatif se trouve encore en vigueur dans quelques pays de l'Europe, notamment en Espagne et surtout en Allemagne.

Le droit français actuel ne l'a pas adopté ; il reconnaît à la femme la capacité de s'obliger pour autrui comme pour elle-même ; il n'exige d'elle qu'une autorisation, et seulement quand elle est mariée.

Il serait trop long de suivre en détail les vicissitudes qu'a subies en France le sénatus-consulte Velléien depuis la domination romaine jusqu'à la promulgation du Code civil ; nous nous bornerons à en signaler les traits principaux.

A la suite de l'invasion des barbares, la science du droit romain et l'application de ses principes éminemment rationnels, mais parfois un peu subtils, sombrèrent au milieu du désordre et de l'ignorance générale.

L'usage du droit romain se conserva, il est vrai,

dans quelques parties de la France ; mais ce droit n'avait du droit romain que le nom : il consistait en quelques principes élémentaires de l'ancienne législation, principes que l'on avait accommodés aux besoins d'un peuple ignorant et grossier ; entre ces deux législations, il devait y avoir la même différence qu'entre les deux civilisations dont elles réglaient les intérêts et les besoins.

Il ne fut question du sénatus-consulte Velléien qu'après que les ténèbres du moyen âge furent dissipées ; ce fut une restauration qui se produisit au moment où, la civilisation se perfectionnant, les rapports sociaux devenaient plus fréquents et plus compliqués.

Le sénatus-consulte Velléien ne fut pas uniformément accueilli dans toutes les parties de la France. Il était observé dans tous les pays de droit écrit ; mais chaque parlement avait à son égard une jurisprudence différente et lui accordait plus ou moins d'autorité.

Dans les pays de droit coutumier, le sénatus-consulte Velléien, sans être d'abord expressément adopté, fut consacré par une jurisprudence presque unanime ; mais la réaction se fit vers le xvi° siècle ; comme on permettait à la femme de renoncer au sénatus-consulte Velléien, cette renonciation devint une clause de style, et une clause de style si banale, que les notaires qui l'inséraient dans les contrats n'en comprenaient pas le sens. Les dispositions du sénatus-consulte Velléien étaient donc illusoires.

En 1606, Henri IV rendit un édit par lequel il défendait à tous les notaires et tabellions du royaume, sous peine de suspension et d'amende arbitraire, d'insérer dans leurs contrats aucune renonciation au sénatus-consulte Velléien et aux autres priviléges du sexe, et ordonnait que les contrats souscrits par les femmes eussent même effet, force et vertu que si toutes ces renonciations y eussent été bien et dûment spécifiées.

C'était abroger le sénatus-consulte Velléien.

Mais cet édit de 1606 ne fut enregistré que par quelques parlements. Ceux de Bordeaux, Toulouse, Pau, Aix, Grenoble, Rouen et Rennes refusèrent de l'enregistrer.

Le parlement de Paris ne put même pas faire exécuter cet édit dans toute l'étendue de son ressort ; les tribunaux d'Auvergne, notamment, persistèrent dans l'application du sénatus-consulte Velléien.

Du reste, l'autorité de ce sénatus-consulte variait dans chacun des parlements qui en avaient conservé les principes ; et cette diversité fut une des causes qui motivèrent la suppression de ses dispositions.

L'article 1123 du Code civil abroge implicitement le sénatus-consulte Velléien.

DROIT FRANÇAIS.

DE LA CONDITION LÉGALE DE LA FEMME MARIÉE.

En recherchant quelle est dans le droit français actuel la condition légale de la femme mariée, nous suivrons la distinction qui se présente naturellement; nous examinerons quelle est la condition légale de la femme mariée, d'abord quant à sa personne, puis quant à ses biens.

Mais avant d'exposer les règles générales en cette matière, signalons les effets du mariage quant à la femme mineure : par le seul fait du mariage, la femme mineure est émancipée; pour elle, désormais, plus de puissance paternelle, plus de tutelle; elle ne relève que de son mari, qui devient, de plein droit, son curateur.

S'il refuse, ou s'il est incapable d'exercer cette charge, la femme n'a point un curateur ordinaire, car les pouvoirs de ce curateur se concilieraient mal avec la puissance maritale; on nomme un curateur spécial chaque fois que la femme a besoin de faire un acte pour lequel l'assistance d'un curateur est exigée.

Nous verrons d'autres conséquences de cette éman-
cipation légale quand nous traiterons de la condition
légale de la femme mariée au point de vue des biens.

Si le mariage a pour effet d'augmenter la capacité
de la femme mineure, il restreint celle de la femme
majeure; il la restreint quant à l'exercice de certains
droits civils, il la restreint par les obligations personnelles qu'il impose.

Examinons d'abord les obligations personnelles que
le mariage impose à la femme, puis son incapacité
civile qui résulte du mariage.

———

CHAPITRE Ier.

OBLIGATIONS PERSONNELLES QUE LE MARIAGE IMPOSE A LA FEMME.

D'abord, quelles sont les obligations personnelles que
le mariage impose à la femme?

Les règles, à cet égard, sont contenues dans les articles 212, 213 et 214 du Code civil.

Aux termes de l'art. 212, les époux se doivent réci-
proquement fidélité, secours et assistance.

La femme doit à son mari *fidélité;* la sanction de ce
devoir se trouve dans l'art. 337 du Code pénal, qui
punit la femme adultère d'un emprisonnement de trois

mois au moins et de deux ans au plus ; en outre, l'adultère de la femme motive la séparation de corps, en
quelque lieu qu'il ait été commis et sans qu'il y ait à
distinguer s'il s'agit d'un fait accidentel ou de relations
suivies ; la loi punit moins sévèrement l'adultère du
mari, on en comprend le motif : l'adultère du mari ne
produit pas les mêmes effets que celui de la femme, il
n'introduit pas dans la famille des éléments étrangers.

En second lieu, d'après l'art. 212, la femme doit à
son mari *des secours ;* quand le mari se trouve dans la
détresse, quelle qu'en soit la cause, la femme, si du
moins elle est en état de le faire, doit lui venir en aide
par des prestations pécuniaires, et il en est ainsi alors
même que la séparation de corps aurait été prononcée
contre le mari.

Enfin, la femme doit à son mari *assistance ;* cela veut
dire qu'elle doit venir en aide à son mari, non pas seulement par des secours pécuniaires, mais encore par
des soins personnels. Alors même que la séparation de
corps aurait été prononcée contre le mari, si le mari
devient malade ou infirme, la femme doit se rendre
auprès de lui pour le soigner ; si elle refuse, on ne
pourra point l'y contraindre, mais, par son refus, elle
pourra perdre les avantages qu'elle tenait de son mariage ; le mari délaissé pourra demander la nullité des
donations par lui faites à la femme, soit par contrat de
mariage, soit pendant le mariage.

Telles sont les trois obligations de l'art. 212 : fidélité,

secours, assistance. La loi les impose au mari et à la femme également, sauf une distinction quant à l'adultère, qu'il punit plus sévèrement quand il est commis par la femme.

L'art. 213 offre un grand intérêt : il contient le principe de la puissance maritale.

Article 213 : « Le mari doit protection à sa femme; la » femme doit obéissance à son mari. »

Le principe contenu dans cet article 213 paraît, au premier abord, si légitime et si rationnel, que beaucoup de personnes ne supposent pas que sa légitimité puisse être contestée. Cependant, de nos jours, d'excellents esprits attaquent le principe de la puissance maritale, non point pour le détruire radicalement, mais pour en modifier les conséquences, pour en restreindre la portée.

En traitant de l'incapacité civile de la femme mariée, nous rechercherons quels sont et quels doivent être les motifs sur lesquels se fonde la puissance maritale ; je me borne à signaler quelques principes généraux, qui suffiront à l'explication des articles 213 et 214.

Si la loi accorde au mari une prééminence sur la femme, ce n'est point à cause de la force physique supérieure dont il est doué ; ce raisonnement serait tout au plus admissible chez un peuple barbare ; chez les peuples civilisés, la force, la force véritablement effective, réside dans l'intelligence, dans le caractère

et non dans les muscles ; du reste, la débilité de la
femme tient plus à nos mœurs qu'à sa constitution
naturelle ; il en est de même pour ses facultés intellectuelles ; elles sont susceptibles de se développer de
manière à suffire aux besoins de la vie ordinaire, et si
la femme est subordonnée à son mari, ce n'est point
pour lui assurer une protection dont elle se passerait
volontiers le plus souvent, et qui certainement ne lui
est pas indispensable. Hors du mariage, en effet, la
femme est aussi libre que l'homme, et nous la voyons
capable de vivre sans protection ou, du moins, sous la
seule protection des lois.

En réalité, ce qui justifie l'état de subordination et
de dépendance que la loi impose à la femme mariée,
c'est la responsabilité qui pèse sur le mari. Aux termes
de l'article 312 du Code civil, l'enfant conçu pendant
le mariage a pour père le mari ; le mari est obligé de
le nourrir, de l'élever, de lui donner son nom, de lui
laisser sa succession. Comme conséquence des obligations incombant au mari, le législateur devait placer la
femme mariée dans une condition telle, que le mari fût
à même d'exercer sur sa conduite une surveillance
incessante, un contrôle discrétionnaire.

Ce principe étant posé, il devient facile de comprendre le sens et la portée de l'article 213. Le mari doit
protection à sa femme : cela veut dire qu'ayant le droit
de contrôler la conduite de sa femme, de diriger ses
actes, de l'empêcher de faire telle ou telle démarche,

telle ou telle entreprise, il doit, par suite, faire en sorte que les règles de conduite qu'il impose à sa femme ne tournent pas à son préjudice.

L'article 213 impose à la femme un devoir d'obéissance à l'égard de son mari. Le motif de cette obligation, nous le connaissons ; c'est la présomption de paternité de l'article 312 qui exige que la femme mariée soit placée dans une condition telle que sa conduite puisse être à chaque instant contrôlée par son mari. Et c'est à l'aide de ce principe qu'on arrive à préciser le degré d'obéissance imposé à la femme en tenant compte des usages, des mœurs, des circonstances et du caractère de chaque individu.

Le Code garde sur ce point un silence presque absolu. Je dis presque absolu, parce que l'article 214 règle une question très importante en cette matière.

Article 214 : « La femme est obligée d'habiter avec le mari » et de le suivre partout où il juge à propos de résider ; le » mari est obligé de la recevoir et de lui fournir tout ce qui » lui est nécessaire pour les besoins de la vie, selon ses fa- » cultés et son état. »

Cet article crée pour chacun des époux un droit et une obligation corrélatifs.

Le mari a le droit d'exiger que sa femme habite avec lui ; de son côté, il est tenu de recevoir sa femme chez lui et de l'y traiter convenablement.

La femme a le droit d'exiger que son mari la reçoive

dans le domicile conjugal et l'y traite convenablement ;
de son côté, elle est tenue de résider avec son mari.

Examinons l'étendue de ces droits et de ces devoirs,
et voyons par quels moyens chacun des époux peut
contraindre son conjoint à remplir l'obligation qui lui
incombe.

I. — *La femme est obligée d'habiter avec le mari et
de le suivre partout où il juge à propos de résider.*

Elle doit habiter avec son mari ; elle ne doit pas
seulement avoir le même domicile, elle doit avoir la
même demeure ; cette obligation est un des éléments
essentiels de la puissance maritale, elle est d'ordre
public ; le consentement des époux ne suffit pas pour
la détruire ou la modifier ; et si, par exemple, le mari
consent à ce que sa femme demeure séparée de lui,
l'engagement qu'il prend ainsi n'est point obligatoire à
son égard ; il peut, quand bon lui semble, revenir sur
sa détermination.

La femme doit suivre son mari partout où il juge à
propos de résider. Le mari peut changer de domicile à
son gré ; quelque triste, quelque désagréable que soit
le séjour qu'il choisit, la femme doit le suivre. Si la
femme prétend que le climat du pays où son mari veut
se fixer lui sera funeste, ou qu'elle n'est pas en état
de supporter les fatigues du voyage ou du déplacement,
ces allégations ne sauraient motiver un refus de cohabitation. Il est vrai que le mari ne pourra pas employer

la force publique pour contraindre sa femme à le suivre, mais il pourra intenter contre elle une demande en séparation de corps.

La femme étant obligée de suivre son mari partout où il juge à propos de résider, doit, par suite, le suivre à l'étranger. Dans l'ancien droit, quand le mari s'expatriait, si la femme refusait de le suivre, le mari pouvait contracter à l'étranger un second mariage. Lors de la discussion du Code, on proposa la rédaction suivante : « Si le mari veut quitter le sol de la République, il ne » pourra contraindre sa femme à le suivre, si ce n'est » dans le cas où il serait chargé par le gouvernement » d'une mission à l'étranger exigeant résidence. » Cet article fut rejeté ; le premier Consul déclara que l'obligation pour la femme de suivre son mari était générale et absolue ; il fit observer que le mari pouvait être appelé à l'étranger pour différents motifs, pour les besoins de son commerce, par exemple, et qu'il y aurait des inconvénients à permettre à la femme de demeurer loin de lui.

Il faut ajouter que, de nos jours, les voies de communication devenues plus faciles rendent les déplacements moins pénibles ; les habitudes des différents peuples tendent à devenir uniformes ; l'extension et la multiplicité des relations commerciales obligent quelquefois un négociant à se fixer momentanément à l'étranger. Le plus souvent ces déplacements n'auront pas de fâcheuses conséquences pour la femme, et, d'autre part, il pourrait y avoir des inconvénients pour le mari à ce que la femme restât si longtemps loin de lui.

L'obligation imposée à la femme d'habiter avec son mari étant une conséquence de la présomption de paternité de l'article 312, si la femme refuse de suivre son mari, le mari peut demander à se faire décharger de la présomption qui pèse sur lui, et il atteint ce but en faisant prononcer la séparation de corps.

Toutefois, quelque générale, quelque absolue que soit l'obligation imposée à la femme d'habiter avec son mari, elle n'est cependant pas exclusive de toute restriction.

1° Ainsi, la loi dit que la femme est obligée de suivre son mari partout où il juge à propos de résider, — de *résider;* par suite, si le mari n'a pas de résidence fixe, s'il exerce la profession de commis-voyageur, par exemple, la femme n'est pas tenue de le suivre ; l'obligation n'est imposée à la femme qu'autant que le mari a une résidence, et le mot *résidence* implique une certaine fixité.

2° La femme n'est pas tenue de suivre son mari quand il veut se fixer dans un pays malgré la prohibition des lois ; si, par exemple, il veut émigrer quand l'émigration est défendue. L'obéissance que le mari peut exiger de sa femme ne va pas jusqu'à pouvoir l'obliger à accomplir des actes illicites.

3° La femme n'est pas tenue d'habiter avec son

mari, quand celui-ci n'a pas un logement conforme à
sa position. Le mari est obligé de recevoir sa femme
et de lui fournir tout ce qui lui est nécessaire pour les
besoins de la vie ; et la femme est en droit de refuser
d'habiter avec son mari, quand celui-ci ne remplit pas
son obligation ; quand, par exemple, le logement qu'il
offre à sa femme n'est pas en rapport avec ses facultés
et son état ; quand ce logement n'est pas suffisamment
pourvu des choses nécessaires à l'installation d'un
ménage, le mari ne peut pas exiger que sa femme
remplisse l'obligation corrélative dont elle est tenue.
Quant à la manière dont le domicile conjugal doit être
meublé, les tribunaux décident, en cas de contestation ;
et il est bien entendu que si le mari, ayant éprouvé
des revers de fortune, ne peut plus offrir à sa femme
qu'un logement peu confortable, la femme ne peut
point refuser d'habiter avec son mari, qu'elle est
obligée de suivre dans sa mauvaise fortune.

Ces exceptions au principe qui astreint la femme à
l'obligation de résider avec son mari doivent être
rigoureusement limitées ; et du moment que le mari
remplit son obligation, du moment qu'il reçoit sa
femme au domicile conjugal, et lui fournit ce qui lui
est nécessaire selon ses facultés et son état, la femme
n'a plus de prétexte légitime pour refuser d'habiter
avec lui. Si le mari exerce dans le domicile conjugal
quelque profession honteuse, s'il y entretient une
concubine, s'il s'y commet des actes intolérables pour

une femme honnête, la femme ne peut que demander
la séparation de corps; elle n'a pas le droit d'abandonner à son gré le domicile conjugal, car alors elle se
ferait juge de la conduite de son mari; le moindre
prétexte suffirait pour motiver une séparation de fait.
Il faut même décider que la femme n'a pas le droit de
refuser d'habiter avec son mari, sous prétexte qu'elle
subit de mauvais traitements. Nulle part la loi n'autorise une pareille dérogation au principe général, et la
séparation de corps est la seule ressource en pareil
cas.

Je n'ai pas besoin de dire que la séparation de biens
prononcée entre les époux, ou l'état de faillite, ne
dispensent pas la femme d'habiter avec son mari; la
séparation de biens ne porte aucune atteinte à l'autorité maritale; il en est de même quand des procès ou
des contestations d'intérêt pécuniaire existent entre les
époux.

En résumé : le mari est tenu de recevoir sa femme
chez lui, et de lui fournir tout ce qui lui est nécessaire
pour les besoins de la vie, selon ses facultés et son
état; la femme est tenue d'habiter avec son mari et de
le suivre partout où il juge à propos de résider; elle
n'est dispensée de cette obligation que dans certains
cas exceptionnels : quand le mari veut se fixer à
l'étranger malgré la prohibition des lois; quand le
mari n'offre pas à sa femme un logement convenable,
et enfin dans le cas de séparation de corps.

Supposons maintenant que le mari ou la femme refuse d'accomplir l'obligation que lui impose l'article 214. Le mari ne veut pas sa femme chez lui; comment celle-ci pourra-t-elle contraindre son mari à la recevoir? La femme refuse d'habiter avec son mari; comment celui-ci pourra-t-il la contraindre à venir au domicile conjugal?

Voyons d'abord la première hypothèse : le mari refuse de recevoir sa femme; par exemple, il l'a chassée, en lui défendant de rentrer au domicile conjugal. A l'époque de la rédaction du Code, quand cette question se présenta, plusieurs avis furent proposés, mais aucun ne fut accepté; on décida que la solution des difficultés qui se présenteraient en pareille matière serait subordonnée aux mœurs et aux circonstances. Dès lors, les magistrats sont autorisés à employer toutes les mesures qu'ils jugent convenables, pourvu qu'elles ne soient pas contraires aux lois, aux bonnes mœurs et à l'ordre public.

Quand donc le mari refuse de recevoir sa femme au domicile conjugal, les tribunaux ont la faculté d'autoriser l'emploi de la force publique; ils peuvent faire ouvrir de force les portes du domicile du mari, afin d'y installer la femme; mais le plus souvent, on n'a pas recours à de pareilles mesures, elles ont pour inconvénient d'exposer la femme à de mauvais traitements en irritant le mari contre elle; et, en outre, cet expédient serait le plus souvent inefficace, car la femme rentrée ainsi de force au domicile conjugal serait de nouveau expulsée et la procédure serait à recommencer.

Le moyen le plus sûr pour contraindre le mari à recevoir sa femme, consiste dans une condamnation pécuniaire. Les tribunaux condamneront le mari à payer à la femme hors du domicile conjugal une très-forte pension alimentaire; si c'est nécessaire, ils peuvent élever le taux de la pension à un point tel que la situation du mari en soit profondément atteinte ; alors le mari devra subir la perte d'une partie de sa fortune, ou bien consentir à recevoir sa femme.

Si le mari, laissant la femme seule au domicile conjugal, se retire la nuit, ou la nuit et le jour, dans quelque domicile étranger, la femme n'aura d'autre ressource qu'une demande en séparation de corps. Je n'ai pas besoin de dire que les tribunaux ne pourraient pas autoriser la femme à employer la force publique pour ramener le mari au domicile conjugal; de tels procédés, contraires à nos mœurs, seraient une violation de nos principes sur la contrainte par corps, et en même temps une atteinte à la puissance maritale, qui est d'ordre public.

Supposons maintenant que ce soit la femme qui refuse de remplir l'obligation que l'article 214 lui impose ; sans prétexte légitime, elle refuse d'habiter avec son mari, elle abandonne le domicile conjugal. Comment, dans ce cas, le mari pourra-t-il contraindre sa femme à revenir près de lui?

Sur ce point, la loi garde le silence; et il résulte des discussions au Conseil d'État que la solution des difficultés en cette matière est subordonnée aux mœurs et aux circonstances. C'est à l'aide de ce principe que nous allons résoudre la question.

Plusieurs jurisconsultes et de nombreux arrêts décident que le mari peut être autorisé par la justice à employer la force publique pour ramener la femme au domicile conjugal, qu'elle a abandonné.

Cette opinion me paraît inadmissible, parce qu'elle est contraire aux lois, à nos mœurs, et enfin inefficace.

D'abord, cette application de la contrainte par corps est contraire aux lois. La liberté individuelle est un de nos grands principes de droit public; il n'est permis d'y porter atteinte qu'autant que la loi, par un texte spécial, l'a jugé nécessaire.

Lors de la discussion de l'article 214 au Conseil d'État, on fit remarquer que le mode d'exercice de la puissance maritale n'était pas prévu; mais cette lacune fut maintenue à dessein. On subordonna la solution de cette difficulté aux mœurs et aux circonstances; l'idée de la contrainte par corps ne fut même pas mise en avant, soit qu'on l'ait considérée comme contraire à nos mœurs, soit qu'on n'y ait vu qu'un moyen d'irriter les esprits au lieu de les calmer. La loi n'a donc pas sanctionné par la contrainte par corps l'obligation imposée à la femme d'habiter avec son mari, et les tribunaux qui autorisent ce mode d'exécution tombent dans l'arbitraire.

On objecte à cela qu'il est permis d'employer la force publique pour procurer l'exécution d'un ordre légitime et régulier de la justice. « Par exemple, dit à ce sujet » M. Demolombe, un intrus a envahi mon domicile et » n'en veut pas déguerpir, croyez-vous donc que je ne » pourrai pas le mettre dehors de vive force? Sans » aucun doute. Eh bien! c'est ici le même principe : » c'est la force qui doit rester à la loi. »

Ce raisonnement n'est point concluant; la situation n'est pas identique. Certainement, le propriétaire peut faire expulser de vive force l'envahisseur, mais il importe de remarquer que le propriétaire ne tient pas de l'envahisseur le droit qu'il veut faire respecter. Entre eux, il n'existe aucun lien juridique, et le propriétaire, en employant la force pour repousser l'envahisseur, ne fait que défendre contre une attaque un droit dont la nature et l'étendue sont incontestables.

Mais, au contraire, quand un mari veut contraindre sa femme à venir demeurer avec lui, il ne réclame pas en vertu d'un droit qui lui appartiendrait en propre, abstraction faite de sa femme; il n'agit et il ne peut agir que parce qu'il existe entre sa femme et lui un lien juridique, une obligation de cohabitation résultant du mariage.

Or, il est de principe que l'exécution effective d'une

obligation ne peut être obtenue quand, pour cela, il faut exercer des violences physiques sur la personne du débiteur. Aux termes de l'article 1142 du Code civil, « TOUTE obligation de faire ou de ne pas faire se résout » en dommages intérêts, en cas d'inexécution de la » part du débiteur. »

Si l'on prétend que les obligations résultant du mariage ne peuvent pas être assimilées aux obligations ordinaires, et qu'on ne saurait tarifer à prix d'argent les devoirs des époux, on répond que l'article 1142 s'applique d'une manière générale à *toute* obligation de faire ou de ne pas faire, et que s'il est vrai que la dignité du mariage ne permet pas de transformer en dommages-intérêts les devoirs des époux, s'il est vrai que la sanction pécuniaire de l'article 1142 n'est pas applicable aux obligations résultant du mariage, rien n'autorise à substituer à cette sanction pécuniaire une sanction arbitraire et normale qui consisterait dans la contrainte par corps.

Mais, dit-on, il ne s'agit pas de la contrainte par corps proprement dite, de cette contrainte dont s'occupe l'article 2063, et qui a pour but de priver de la liberté le débiteur incarcéré; il s'agit uniquement de l'emploi momentané de la force publique afin de ramener à son mari la femme qui l'abandonne. Cette distinction ne se justifie point; l'article 1142 défend d'une manière générale d'exercer des violences physiques pour contraindre à l'exécution d'une obligation de faire ou de ne pas faire ; il importe peu que ces violences physiques aboutissent à l'incarcération ou qu'elles consistent en une arrestation momentanée. Il n'appartient pas aux juges de créer des distinctions que la loi n'a pas établies, alors surtout qu'elles portent atteinte aux règles protectrices de la liberté des citoyens. D'autant plus que l'emploi de la force publique, même momentanément, pour arrêter la femme et la ramener au domicile conjugal, constitue un acte aussi brutal et aussi humiliant que l'incarcération. Et, du reste, une incarcération plus ou moins longue est inévitable quelque faible que soit la distance entre la résidence de la femme et le domicile conjugal.

Ajoutons, enfin, que l'emploi de la force publique serait inefficace. La femme, en effet, étant tenue d'habiter avec son mari, son obligation consiste dans une résidence continue ; et si l'on prétend que la contrainte par corps peut être employée pour obliger la femme à remplir cette obligation d'habiter avec son mari, il faut décider que la femme, une fois ramenée de force à la maison conjugale, pourra y être maintenue ; il faudra donc autoriser le mari à employer la force publique, non seulement pour ramener sa femme à son domicile, mais encore pour l'y garder. On aboutit nécessairement à cette solution quand on prétend que la force publique peut être employée pour assurer l'exécution de l'obligation que l'article 214 impose à la femme. Mais cette interprétation, seule logique, constituerait un abus si révoltant qu'on ne saurait l'admettre ; alors, les partisans de l'emploi de la force publique, par un compromis arbitraire, décident que la force publique ne sera employée que pour ramener la femme, et que, si la femme ramenée au domicile conjugal ne veut point y rester, le mari ne pourra pas l'y maintenir de force ; il ne pourra pas l'empêcher de partir, sauf à l'y ramener.

Il suit de là que l'emploi de la force publique n'a pas pour but d'assurer l'exécution de l'article 214 ; i n'a pour but que de mettre les deux époux en présence, pour tâcher de leur faire reprendre la vie commune. Ce système aboutit à employer la force publique uniquement en vue d'un essai de conciliation. Un mari n'a pas pu se concilier l'estime et l'affection de sa femme qui l'abandonne ; il réclame ses droits en justice, le magistrat l'autorise à faire arrêter la femme par des gendarmes, qui la ramènent de force au domicile conjugal ; et la femme n'est ainsi arrêtée et ramenée, qu'afin que les deux époux mis en présence soient à même de se concilier !

Enfin, l'emploi de la force publique pour ramener la femme au domicile conjugal est contraire à nos mœurs.

On peut dire qu'en matière d'obligations civiles, la contrainte par corps a fait son temps ; elle n'est plus dans nos mœurs. En 1867, on l'a supprimée en matière civile et commerciale. Le législateur a pensé que les opérations commerciales qui exigeaient, pour être

exécutées, la force publique et la menace de l'incarcération n'étaient pas dignes d'un peuple libre et ne méri-
taient pas la protection des lois. Et si les rapports
entre créancier et débiteur n'entraînent plus de contrainte personnelle, ne doit-on pas admettre le même
principe quant aux rapports entre époux, alors surtout
qu'en cette matière la loi garde le silence? Aujour-
d'hui, ne serait-ce pas un scandale de voir une femme
arrêtée par des huissiers ou des gendarmes qui la ramènent à son mari? Quel triste effet ne produirait pas
cette voie d'exécution, accomplie en plein jour dans
une grande ville? Et, si le législateur a voulu subor-
donner à l'état de nos mœurs l'exécution de l'art. 214,
on peut affirmer sûrement qu'il n'est pas permis d'employer la contrainte par corps pour ramener au domicile conjugal la femme qui l'abandonne.

Mais, ajoute-t-on, dans l'état actuel de nos mœurs,
la force publique, la contrainte par corps peut être
employée pour assurer le respect de nos institutions
domestiques; par exemple, le père peut faire empri-
sonner son fils. C'est vrai; mais il faut remarquer que
la différence d'âge qui existe entre le père et le fils
permet d'attribuer au père une autorité énergique, et
d'imposer au fils une soumission respectueuse; mais
les époux ne sont pas dans les mêmes conditions; entre
eux, l'égalité est de principe, et, quand on y déroge, on
ne le fait que dans les limites indispensables au respect
de la puissance maritale. Du reste, la loi ne permet au

père d'exercer la contrainte par corps à l'égard de son fils que dans certains cas spécifiés, et elle règle minutieusement le mode d'exécution, tandis que nulle part le législateur n'a prévu l'intervention de la gendarmerie dans les relations conjugales.

En résumé, quand la femme abandonne le domicile conjugal, le mari ne peut pas employer la force publique pour la contraindre à revenir; il ne le peut pas, parce que la loi n'organise nulle part cette voie de rigueur exceptionnelle, et parce que l'emploi de la force publique, contraire à nos lois et à nos mœurs, serait inefficace.

Quels sont donc les recours que le mari pourra exercer contre sa femme qui abandonne le domicile conjugal?

Ils sont nombreux.

1° Le mari délaissé pourra refuser à sa femme des aliments et tout secours pécuniaire. Il pourra le faire, parce que son obligation de nourrir et d'entretenir sa femme est corrélative à l'obligation imposée à la femme de résider avec son mari; il pourra même retenir les objets qui appartiennent à sa femme et qui se trouvent au domicile conjugal, parce que la femme n'a qu'à remplir son obligation de résider avec son mari pour être en possession des choses qu'elle demande.

2° Certains auteurs prétendent que le mari peut être autorisé par les tribunaux à saisir les biens dont la femme aurait personnellement la jouissance. Une femme est mariée sous le régime de la séparation de

biens, ou encore mariée sous le régime dotal, elle a
des paraphernaux, le mari pourra faire saisir tous les
revenus de sa femme pour la forcer ainsi à rentrer au
domicile conjugal. Les tribunaux ont un pouvoir discrétionnaire pour contraindre la femme à exécuter l'obligation dont elle est tenue, et le moyen précédent n'est
contraire ni aux lois ni aux bonnes mœurs.

Le mari pourrait même, en faisant opposition sur la
totalité des revenus de sa femme, se faire attribuer la
propriété d'une partie de ces revenus, du moins quand
la femme est séparée de biens. Dans ce cas, en effet,
la femme est tenue de contribuer aux dépenses du ménage, et la faute qu'elle commet en abandonnant le
domicile conjugal ne saurait la dispenser de l'obligation
de contribuer aux dépenses qui doivent être communes.

Je dirai même que les tribunaux pourraient allouer
au mari une portion des revenus de la femme excédant
sa part contributoire ; il ne faudrait pas considérer cet
excédant comme des dommages intérêts accordés au
mari, mais comme une perte imposée à la femme pour
la déterminer à rentrer au plus tôt avec son mari.

Nous avons admis, du reste, une solution analogue
dans le cas où le mari refuse de recevoir sa femme ;
nous avons décidé que les tribunaux pourraient con-
damner le mari à payer à sa femme, hors du domicile
conjugal, une pension alimentaire excédant les besoins
de la femme, afin de le porter, par ce préjudice pécuniaire, à exécuter son obligation en recevant sa femme.

3° Enfin, le mari délaissé par sa femme peut demander la séparation de corps.

On a fait contre ce système une objection. On prétend que dans le projet du Code l'abandon du domicile
conjugal était une cause de divorce, mais qu'elle dispa-
rut dans la rédaction définitive ; que, dès lors, l'abandon
du domicile conjugal ne saurait motiver une demande
en séparation.

Il est vrai que l'abandon du domicile conjugal ne
peut motiver une séparation de corps, en ce sens que
le juge doive nécessairement la prononcer dès que
l'abandon est constant. Le législateur n'a pas voulu que
la séparation eût lieu par le consentement mutuel des
époux, et rien n'eût été plus facile, si la femme avait
pu, en quittant son mari, faire prononcer la séparation
de corps. Mais l'abandon du domicile conjugal sera
une cause de séparation de corps quand, par suite de
divisions entre les époux, la femme aura quitté le domicile commun ; ce fait pourra constituer une injure
grave, et les tribunaux, dans ce cas, ne pourront pas
refuser de prononcer la séparation de corps contre le
mari ; on ne pourra pas le forcer à demeurer sous le
coup de l'article 312, du moment qu'il n'habite plus
avec sa femme et qu'il ne peut exercer sur sa conduite
aucun contrôle.

En résumé, quand la femme abandonne le domicile
conjugal, le mari ne peut pas employer la force publique
pour la contraindre à revenir, mais il peut refuser à la

femme des secours et des aliments hors du domicile conjugal, il peut faire saisir les revenus de la femme, il peut enfin intenter contre elle une demande en séparation de corps.

Je termine cette partie de mon sujet par quelques considérations relatives à la condition personnelle de la femme mariée : la femme suit la nationalité du mari ; elle en prend le nom ; quelquefois même elle est associée à ses honneurs et à sa position sociale.

Aux termes de l'article 12 du Code civil, « l'étrangère qui aura épousé un Français suivra la condition de son mari. »

La femme étrangère qui épouse un Français devient Française par le seul fait de son mariage ; aucune condition, aucune formalité n'est exigée d'elle.

On s'est demandé si l'article 12 était applicable même dans le cas où la femme étrangère déclare, en se mariant, qu'elle entend conserver sa nationalité ; la réponse n'est pas douteuse : la loi ne distingue pas, elle est impérative. En vain dira-t-on que l'étrangère, devenue Française malgré sa volonté, n'aura que des sentiments hostiles pour la nouvelle patrie qu'on lui impose ; que, du reste, elle pourra, immédiatement après son mariage, s'affranchir d'une qualité qui lui répugne. Ces considérations sont insuffisantes pour autoriser une dérogation à l'article 12, dont les prescriptions sont formelles ; en outre, il peut arriver que l'étrangère épousant un Français ne tienne à conserver sa nationalité d'origine, que parce qu'elle ne connaît pas encore la patrie de celui qu'elle épouse. Si la femme étrangère ne devenait pas Française par son mariage avec un Français, elle ne pourrait acquérir cette qualité que par la naturalisation ; le plus souvent, à cause des formalités à remplir, elle resterait étrangère, et inspirerait à ses enfants des sentiments sympathiques à l'étranger.

C'est donc avec raison que le Code prescrit que l'étrangère qui épouse un Français devient Française par le seul fait de son mariage. Mais comme nos lois n'imposent pas la qualité de Français à celui qui n'en veut pas, l'étrangère, devenue Française par son mariage, pourra recouvrer sa nationalité d'origine ; nous verrons même, en traitant de l'incapacité civile de la femme mariée, que l'autorisation maritale n'est pas nécessaire à la femme qui veut changer de nationalité ; elle conserve à cet égard une liberté entière, sauf le cas où les institutions de sa future patrie seraient contraires à la puissance maritale, telle que nos lois l'ont organisée. Pendant le mariage, la femme peut donc changer de nationalité quand et comme bon lui semble ; la nationalité du mari ne détermine celle de la femme qu'au moment même du mariage ; si plus tard le mari abdique ou perd sa nationalité, cette modification de son état reste sans effet à l'égard de la femme ; au moment du mariage, connaissant la nationalité de son mari, elle a pu apprécier la condition qu'elle allait acquérir et en accepter les conséquences, mais elle n'a pas attribué à son mari le droit de lui modifier son état à son gré.

L'article 13 du Code civil contient des prescriptions corrélatives à celles de l'article 12 : « La femme française qui épouse un étranger suivra la condition de son mari. » Cette déchéance est d'ordre public, elle produit ses effets malgré toute manifestation contraire ; le législateur n'a pas voulu conserver la nationalité française à la femme qui, par le mariage, se met sous la dépendance d'un étranger, et devient par suite incapable de remplir ses devoirs envers sa patrie.

D'après l'article 19, la femme qui se marie avec un étranger suit la condition de son mari ; il ne faudrait pas donner à cette expression un sens très rigoureux ; nos lois peuvent bien enlever la qualité de Français, mais elles ne peuvent pas attribuer la nationalité étrangère. Si, par exemple, en Angleterre, la femme étrangère qui épouse un Anglais ne devient pas Anglaise, il serait inexact de dire que la femme française qui épouse un Anglais suit la condition de son mari ; elle cesse d'être Française, c'est incontestable ; nos lois peuvent même la considérer comme Anglaise et la traiter comme telle, mais elles ne peuvent pas lui faire acquérir une nationalité que les lois anglaises lui refusent. Par suite, la femme française qui épouse un Anglais est considérée en France comme Anglaise, et en Angleterre comme Française.

Enfin, il me suffit de signaler, en terminant, quelques effets du mariage qui ne sont point prévus par nos lois, mais qui sont consacrés par l'usage. Ainsi, la femme prend le nom de son mari ; c'est un usage fort ancien et généralement suivi chez tous les peuples.

Tels sont les effets du mariage, quant à la condition personnelle de la femme ; elle est sous la dépendance de son mari ; mais l'application de ce principe est fort délicate, d'autant plus que le législateur n'a pas tracé de règles précises et minutieuses, il a subordonné la solution des difficultés aux mœurs et aux circonstances.

Cette dépendance personnelle que le Code impose à la femme devait entraîner comme conséquence inévitable une incapacité civile. Cette incapacité civile de la femme mariée formera la seconde partie de notre étude.

CHAPITRE II.

INCAPACITÉ CIVILE DE LA FEMME MARIÉE.

Avant de rechercher quelle est l'étendue de l'incapacité de la femme mariée, il est quelques principes

essentiels que nous devons avant tout signaler. Et
d'abord, ceux qui motivent l'incapacité de la femme
et qui nécessitent une autorisation pour contracter et
pour plaider.

Nous avons dit précédemment que la femme avait
naturellement une capacité suffisante pour diriger ses
affaires et pour se conduire dans toutes les circonstances de la vie; c'est incontestable, puisque la fille
majeure ou la femme veuve sont aussi capables que
l'homme quand elles veulent contracter ou plaider.

Nous avons dit également que la présomption de
paternité, consacrée par l'art. 312 du Code civil, avait
pour conséquence de mettre la femme sous la dépendance de son mari. Cette dépendance altère la capacité
civile de la femme; ses facultés intellectuelles, son aptitude aux affaires ne s'exercent plus aussi librement. Sous
le régime de la communauté, par exemple, la femme
ne dispose de rien, elle n'a que l'argent que son mari
veut bien lui abandonner; et dans une situation pareille,
on comprend que la femme puisse se laisser facilement
entraîner à contracter des engagements onéreux, ou à
faire des entreprises téméraires dont elle se serait
abstenue, si elle avait eu la disposition de sa fortune.

L'incapacité de la femme a donc pour cause sa dépendance à l'égard de son mari et son inaptitude aux
affaires, qui n'est que la conséquence de sa subordination.

L'incapacité de la femme mariée résultant du mariage, il suit de là qu'elle commence au moment de la célébration du mariage et qu'elle ne cesse qu'à sa dissolution.

L'incapacité de la femme, disons-nous, commence avec le mariage : une première conséquence, c'est que si une femme, fille ou veuve, ayant engagé une instance, se marie, elle ne peut continuer valablement le procès qu'avec l'autorisation de son mari ou de justice, à moins toutefois que l'affaire ne soit en état au moment de son mariage. Quand l'affaire est en état, les conclusions étant respectivement prises, le rôle des parties est terminé. Néanmoins, lorsqu'une femme, fille ou veuve, se marie pendant qu'elle est en procès, son incapacité, dans le cas où le mari n'intervient pas, ne peut être opposée à son adversaire qu'autant qu'il a reçu notification de ce changement d'état, ou qu'il a été à même d'en avoir connaissance.

En second lieu, l'incapacité de la femme mariée ne cesse qu'avec le mariage ; elle continue malgré la séparation de corps, et il doit en être ainsi, car la séparation de corps n'a pour but que de faire cesser l'habitation commune ; elle ne dissout pas le mariage, elle ne fait qu'en relâcher les liens. Il est vrai qu'à la suite de la séparation de corps les conventions matrimoniales des époux sont modifiées : la femme séparée de corps devient capable de faire seule des actes qui, précédemment, lui étaient interdits ; mais son incapacité n'est que modifiée, elle subsiste en principe.

Du reste, les conventions matrimoniales, qui ne détruisent jamais l'incapacité de la femme mariée, sont susceptibles d'en augmenter ou d'en restreindre l'étendue ; aussi, en exposant les principes généraux sur l'incapacité civile de la femme mariée, nous en ferons l'application aux différents régimes par lesquels les époux peuvent réglementer leurs intérêts pécuniaires.

Il est un second principe que nous devons signaler avant de nous engager dans les développements de cette question.

La femme mariée n'est pas frappée d'une incapacité générale. En droit commun, la capacité est la règle, l'incapacité l'exception ; or, la loi ne prive la femme de sa capacité civile qu'à raison de certains actes spécifiés ; par suite, elle est capable de faire tous les actes pour lesquels la loi ne l'a pas expressément déclarée incapable.

C'est par application de ce principe qu'on décide que, pendant son mariage, la femme peut, sans autorisation de son mari, changer de nationalité, adopter un enfant naturel qu'elle aurait eu avant son mariage à l'insu de son mari, etc.

Les différentes incapacités spéciales dont la loi frappe les femmes mariées sont énumérées dans les articles 215 à 225 du Code civil. Les articles 215 et 216 sont relatifs aux actes judiciaires ; les articles suivants concernent les actes extra judiciaires ; nous examinerons successivement les uns et les autres.

§ I.

Incapacité de la femme mariée quant aux actes judiciaires.

La femme mariéc a besoin de l'autorisation de son mari pour plaider, c'est-à-dire pour figurer comme partie dans une instance judiciaire. L'article 215 dispose à cet égard dans les termes suivants :

« La femme ne peut ester en jugement sans l'autorisation » de son mari, quand même elle serait marchande publique, » ou non commune ou séparée de biens. »

1° Cette règle est donc générale ; elle s'applique sous quelque régime que la femme soit mariée, et il n'y a pas à distinguer quant à l'objet du procès, ni quant au tribunal compétent, ni quant au degré de juridiction, ni quant à l'adversaire de la femme ou au rôle qu'elle a dans l'instance.

La nécessité de l'autorisation est indépendante du régime sous lequel les époux sont mariés; quelques pouvoirs que la femme se soit réservés pour l'administration de ses biens, son incapacité, quant aux actes judiciaires, reste la même. Ainsi, la femme séparée de biens peut faire seule tous les actes d'administration ; néanmoins, si ces actes donnent lieu à un procès, elle ne peut le soutenir qu'en vertu d'une autorisation spéciale. Cette distinction entre les actes d'administration et les actions judiciaires qui en résultent se justifie. On

ne pouvait pas, en effet, imposer à la femme l'obligation de se pourvoir d'une autorisation spéciale pour
chaque acte d'administration qu'elle ferait ; c'eût été
d'une impossibilité radicale, ces actes s'accomplissant à
chaque instant et inopinément ; mais un procès est un
acte exceptionnel que l'on n'intente qu'après mûre
réflexion ; rien n'empêche la femme mariée de consulter
son mari et d'obtenir son adhésion.

Les mêmes principes s'appliquent à la femme commerçante. Autorisée d'une manière générale à faire
tous les actes qui concernent son négoce, elle ne peut
intenter ou soutenir les procès qui en résultent qu'en
vertu d'une autorisation spéciale.

Enfin, la nécessité de l'autorisation résultant du mariage, il suit de là qu'elle est indispensable pendant
toute sa durée ; la séparation de corps n'y met pas fin.

2° L'autorisation maritale est nécessaire quels que
soient la nature et l'objet de l'instance. L'article 215
est absolu et ne distingue pas ; ainsi : la femme remariée et maintenue tutrice d'enfants nés d'un premier
mariage, n'a pas qualité pour plaider sans autorisation,
même comme tutrice ; l'incapacité de la femme mariée
ne résulte pas seulement de la présomption de son
inhabileté aux affaires ; elle est également motivée par
la dépendance à laquelle la femme est soumise à l'égard
de son mari.

La femme a besoin d'une autorisation pour demander
l'interdiction de son mari. En vain dira-t-on que l'arti-

cle 490 du Code civil déclare la femme recevable à provoquer l'interdiction de son mari. Il faut, à cet égard, distinguer le droit d'avec l'exercice du droit. L'article 490 confère à la femme le droit de provoquer l'interdiction de son mari, mais quand elle voudra recourir à justice pour exercer ce droit, elle devra se soumettre à l'article 215 dont les prescriptions sont générales ; il lui faudra l'autorisation du mari ou de justice ; et la nécessité de cette intervention du mari ou de justice aura peut-être l'avantage de prévenir une demande téméraire et très regrettable.

On a prétendu que les formalités de l'instance en interdiction constituent une autorisation implicite. Cette opinion n'est pas admissible. Si l'autorisation maritale peut être expresse ou tacite, il n'en est pas de même de l'autorisation judiciaire. Dans les articles 861 et suivants du Code de procédure, le législateur trace les règles à suivre pour obtenir en justice l'autorisation de la femme mariée ; il n'y a d'exception qu'en matière de séparation de corps ou de biens. S'il y a des formalités spéciales pour les instances en interdiction, aucun texte de loi n'attribue à la femme le droit d'y procéder sans autorisation ; et qu'on ne prétende pas que ces formalités renferment virtuellement l'autorisation dont la femme a besoin ; c'est inadmissible, et voici pourquoi : quand la femme veut se faire autoriser par justice à poursuivre ses droits, son mari doit être entendu ou du moins appelé avant que l'autorisation soit accordée ;

à *fortiori,* doit-il être entendu ou dûment appelé avant
que l'instance soit engagée ; tandis que si les formalités
de la procédure en interdiction tenaient lieu d'autorisation, il arriverait que le mari ne pourrait s'opposer
à l'action que sa femme dirige contre lui, et même n'en
aurait connaissance qu'après que l'instance serait engagée, après la convocation et la décision du conseil
de famille, car ce n'est qu'à ce moment que le mari
est mis en cause.

Article 893 du Code de procédure : « La requête et l'avis
» du conseil de famille seront signifiés au défendeur avant
» son interrogatoire. »

Et qu'on ne dise pas que l'instance en interdiction
fait supposer que le mari n'est pas en état de donner
l'autorisation dont sa femme a besoin. Ce serait résoudre la question par la question. Tant que le mari n'a
pas été interdit, il doit être réputé sain d'esprit.

Je n'ai pas besoin d'ajouter que la femme ne pourrait
pas sans autorisation défendre à une demande en interdiction. Une pareille instance, engagée contre elle,
augmente encore les présomptions de son incapacité.

La femme ne pourrait même pas, sans autorisation,
demander la nullité de son mariage ; en vain dirait-elle
que son mariage étant nul ne doit produire aucun
effet. La nullité la plus radicale, la plus évidente ne
saurait justifier cette conclusion ; car, du moment que le
mariage existe, il doit produire son effet, et il doit produire cet effet tant qu'il n'est pas annulé.

La femme a aussi besoin d'être autorisée quand il s'agit d'une procédure d'ordre; la procédure d'ordre est une instance judiciaire et les droits de la femme peuvent s'y trouver compromis.

3° L'autorisation maritale est nécessaire quel que soit le tribunal devant lequel l'action est portée : justice de paix, tribunal civil de première instance, cour d'appel, cour de cassation ; elle est nécessaire même devant les tribunaux exceptionnels, devant les tribunaux de commerce, les conseils de préfecture, etc. Mais je ne crois pas que l'autorisation soit nécessaire à la femme pour comparaître en conciliation devant un juge de paix; le préliminaire de la conciliation est, en effet, un préliminaire de l'instance, mais n'en fait point partie essentielle. Le juge de paix devant lequel on comparaît en conciliation ne juge pas : il ne fait que présider ou diriger une transaction ou un essai de transaction. Le résultat de la conciliation opérée constitue un arrangement conventionnel et non point un jugement, car ce n'est pas la volonté du juge qui peut lier les parties.

4° L'autorisation maritale est nécessaire à la femme pour chaque degré de juridiction; elle est nécessaire pour intenter le procès en première instance, pour le suivre en appel et pour former un pourvoi en cassation. Dans chacun de ces cas, il y a une instance, une juridiction et une décision distinctes et, par suite, l'article 215 est applicable.

L'autorisation est nécessaire pour plaider en appel

alors même que la femme a obtenu gain de cause en première instance ; il se peut que des pièces nouvelles et des moyens nouveaux changent la face du procès et rendent toute défense inutile. La cour de cassation a consacré la doctrine contraire par deux arrêts en date l'un du 1er décembre 1846, l'autre du 15 mars 1848.

Dans le premier de ces arrêts, il est dit que « la femme qui a obtenu en première instance l'autorisation de justice pour former une demande, n'est obligée, en cas d'appel, de se pourvoir d'une nouvelle autorisation que lorsque cet appel est formé par elle ; mais, que lui demander cette nouvelle autorisation lorsqu'il ne s'agit pour elle que de soutenir devant la Cour d'appel le droit qui a été reconnu en sa faveur par le premier jugement, ce serait faire tourner contre la femme mariée les articles 215 et 216 qui ont pour objet de la protéger. »

Cette argumentation ne me paraît pas fondée : d'abord, il peut arriver qu'après avoir obtenu gain de cause en première instance, la femme se trouve exposée à perdre son procès en appel, par suite de pièces récemment découvertes ou de moyens que son adversaire a négligé de faire valoir en première instance ; il peut arriver même que le procès n'ait été gagné qu'à la suite d'erreurs matérielles évidentes, et en exigeant que la femme qui veut se défendre en appel obtienne le consentement de son mari ou de justice, on ne fait que lui assurer le bénéfice des articles 215 et 216. En second

7

lieu, la Cour de cassation, dans cet arrêt du 1er décembre 1846, semble oublier que la nécessité de l'autorisation imposée à la femme est motivée, non seulement par la protection dont elle a besoin, mais encore par le respect dû à la puissance maritale; de sorte que, même en admettant que les intérêts de la femme défenderesse en appel n'aient pas besoin d'être protégés par l'intervention du mari ou de justice, il faudrait encore exiger cette intervention, sous peine de méconnaître les droits de la puissance maritale.

L'arrêt de la Cour de cassation du 15 mars 1848 ne me paraît pas plus concluant que celui du 1er décembre 1846.

« Attendu, y est-il dit, que si l'autorisation est nécessaire à la femme mariée pour former une action, pour interjeter un appel, c'est afin de la préserver d'une tentative imprudente et dispendieuse ; qu'il n'en est pas de même lorsque la femme a déjà procédé en justice avec une autorisation régulière, et qu'ayant obtenu un jugement favorable, son adversaire interjette appel ; elle est obligée de se présenter; elle a le droit de se défendre; elle ne peut être privée de ce droit légitime et sacré ; l'exercice n'en peut être soumis à une nouvelle autorisation. Les règles de la hiérarchie sont même d'accord avec la raison, pour ne pas soumettre à un tribunal de première instance la question de savoir si la femme ne doit pas comparaître en appel pour soutenir le jugement rendu en sa faveur.

Dans cet arrêt, il y a trois points à discuter et à réfuter :

1° *La femme n'a besoin d'autorisation que pour se protéger contre les tentatives imprudentes et dispendieuses ; et elle n'en a pas besoin en appel, puisqu'elle a obtenu un jugement favorable.* — Il y a là une double erreur : d'abord, il est possible que la défense en appel constitue une tentative imprudente et dispendieuse ; en second lieu, l'autorisation dont la femme a besoin n'est pas seulement une mesure de protection, c'est encore une garantie du respect dû à la puissance maritale.

2° *La femme actionnée en appel a le droit de se défendre, et l'exercice de ce droit légitime et sacré ne peut être soumis à une nouvelle autorisation.* — La femme actionnée en justice a toujours le droit de se défendre, mais l'exercice de ce droit est subordonné à l'accomplissement de certaines formalités ; aux termes de l'article 215, la femme ne peut ester en jugement sans autorisation du mari ou de justice ; c'est un principe général, et rien ne permet de distinguer le cas où la femme est actionnée par assignation et celui où elle est actionnée par acte d'appel.

3° *Les règles de la hiérarchie ne permettent pas à un tribunal de première instance de décider si la femme doit comparaître en appel.* — Nous rechercherons bientôt si, dans le cas d'appel, l'autorisation dont la femme a besoin doit être donnée par le tribunal du domicile du mari ou par la juridiction d'appel ; pour le moment, je me borne à constater que les questions de hiérarchie judiciaire n'influent en rien sur la capacité civile des plaideurs; et s'il est vrai que la femme défenderesse en appel a besoin d'être autorisée pour suivre cette instance, cette autorisation ne cessera pas d'être nécessaire, parce qu'un tribunal serait ainsi mis à même de décider si la femme doit comparaître devant une cour d'appel.

En résumé, malgré cette jurisprudence de la Cour de cassation, je maintiens que l'autorisation est nécessaire à la femme, même dans le cas où elle est défenderesse en appel.

Toutefois, quand, au début d'une instance, la femme est autorisée à suivre le procès jusqu'à ce qu'elle obtienne une solution définitive, elle peut, sans autorisation nouvelle, plaider en première instance, en appel, et même former un pourvoi en cassation.

L'autorisation est nécessaire à la femme, quel que soit son adversaire, son adversaire serait-il son mari. Il est vrai que si le mari intente une action contre sa femme, il l'autorise implicitement à se défendre; mais elle ne pourra pas plaider sans autorisation, si elle intente un procès contre son mari, ou si dans une action intentée contre elle par son mari, elle veut interjeter appel du jugement de première instance qui la condamne.

Toutefois, à cet égard, il importe de signaler une exception relative aux demandes en séparation de corps ou de biens. Pour former une demande en séparation de corps, la femme peut, seule et sans autorisation, présenter une requête au président du tribunal. Le président du tribunal invite les époux à comparaître devant lui; s'il ne parvient pas à les concilier, il autorise la femme à intenter contre son mari, devant le tribunal civil, une action en séparation de corps, et cette autorisation suffit à la femme pour suivre le procès en appel et même en cassation.

Quant à la séparation de biens, elle ne peut être formée qu'avec l'autorisation du président du tribunal.

Quelque générales que soient les prescriptions de l'article 215, il ne faudrait cependant pas en exagérer la portée.

Ainsi, il faut admettre que la femme peut, sans être autorisée, faire des actes conservatoires, alors même que le ministère des huissiers serait nécessaire. Elle peut faire faire des sommations, des protêts, elle peut requérir l'inscription de son hypothèque légale, la transcription d'une donation entre vifs; en un mot, elle peut faire tous les actes conservatoires. Presque toujours ces actes sont urgents; ils ne peuvent que profiter à la femme, et ils ne portent aucune atteinte à la puissance maritale. Mais il est bien entendu que la femme ne peut faire seule que des actes conservatoires, et l'autorisation devient nécessaire quand elle demande en justice le bénéfice de ces actes conservatoires.

Enfin, l'article 216 du Code civil contient une exception au principe de l'article 215.

ART. 216. — L'autorisation du mari n'est pas nécessaire lorsque la femme est poursuivie en matière criminelle ou de police.

Quand la femme est poursuivie en matière criminelle, il importe qu'elle puisse se défendre, afin de ne pas être condamnée injustement ; et, d'autre part, l'action publique ne peut pas être entravée par la nécessité d'une autorisation du mari ou de justice ; on doit admettre cette solution, alors même que la femme serait actionnée par la partie lésée, se portant partie civile dans l'instance engagée par le ministère public ; l'action civile devant être jugée en même temps que l'action publique, l'exercice de cette action deviendrait impossible s'il était nécessaire d'attendre, pour l'exercer, que la femme fût autorisée. On devrait décider autrement si la partie lésée par une contravention, par un délit ou par un crime commis par la femme, l'actionnait en réparation du dommage devant un tribunal civil ; l'autorisation serait nécessaire, parce que l'action aurait un caractère purement civil, le fait y donnant naissance n'étant pas considéré au point de vue délictueux.

Telles sont, quant aux actes judiciaires, les règles sur l'incapacité de la femme mariée. Elle ne peut ester en jugement sans l'autorisation de son mari ou de justice ; il n'y a d'exception que dans le cas où elle est poursuivie en matière criminelle.

§ II.

Incapacité de la femme mariée quant aux actes extrajudiciaires.

Nous avons à rechercher, en second lieu, quelle est l'incapacité de la femme mariée quant aux actes extra-judiciaires.

Cette incapacité se trouve formulée dans l'article 217 du Code civil.

Article 217 : « La femme même non commune ou séparée » de biens ne peut donner, aliéner, hypothéquer, acquérir à » titre gratuit ou à titre onéreux, sans le concours du mari » dans l'acte, ou sans son consentement par écrit. »

Ainsi, la femme est incapable d'aliéner et d'acquérir; c'est en cela que se résume l'article 217. En effet, donner, c'est aliéner à titre gratuit; et hypothéquer, c'est encore aliéner. L'hypothèque étant un démembrement du droit de propriété, la constitution d'une hypothèque est une aliénation.

La femme étant incapable d'aliéner, ne peut donc faire ni donation, ni vente, ni échange sans autorisation; elle ne peut même faire seule aucun contrat, car celui qui s'engage par un contrat s'oblige, et quiconque s'est obligé est tenu sur tous ses biens présents et à venir. La femme est également incapable d'acquérir soit à titre gratuit, soit à titre onéreux, sans l'autorisation de son mari. Au premier abord, on peut être surpris que le législateur étende l'incapacité de la femme jusqu'aux acquisitions à titre gratuit; il semble en effet que la femme qui reçoit une donation ne puisse en retirer que des avantages. C'est exact au point de vue pécuniaire, mais il faut tenir compte des intérêts moraux du mariage, et, en y réfléchissant, on comprend qu'il importe au mari de connaître les motifs des libéralités dont sa femme est gratifiée.

En résumé, aux termes de l'article 217, la femme est incapable de faire, sans autorisation, aucun acte susceptible de produire des effets de droit pour ou contre elle.

D'après les termes de l'article 217, cette règle serait générale; de plus, elle serait indépendante du régime sous lequel la femme est mariée. Mais cette application absolue de l'article 217 serait inexacte; il est certain que l'incapacité de la femme existe sous tous les régimes, mais elle est plus ou moins complète, suivant le régime qu'elle a stipulé. Il y a des distinctions à faire à cet égard.

Quand la femme ne s'est pas réservé dans son contrat de mariage l'administration ou la jouissance de tout ou partie de ses biens personnels, c'est le mari qui les administre et qui en perçoit les revenus dont il dispose, et alors, l'incapacité de la femme est absolue; elle ne peut faire aucun contrat sans l'autorisation de son mari ou de justice. Que si la femme intervient dans l'administration de ses biens ou dans la disposition des revenus de la communauté, les contrats qu'elle fait en cette occasion sont présumés la conséquence d'un mandat qu'elle a reçu de son mari, et, en cas de difficulté, il y a lieu de rechercher, non point si la femme était capable ou incapable, mais si elle avait ou non mandat de son mari. Ainsi, quand la femme ne s'est pas réservé l'administration de ses biens personnels ou la disposition d'une partie de ses revenus, son incapacité est absolue ; l'article 217 produit tous ses effets.

Mais, au contraire, quand la femme, par son contrat de mariage, s'est réservé l'administration de ses biens ou la disposition de ses revenus, ou quand elle est judiciairement séparée de biens, son incapacité se trouve modifiée ; l'article 217 doit être combiné avec l'article 1449.

Article 1449 : « La femme séparée soit de corps et de biens,
» soit de biens seulement, en reprend la libre administration.
» Elle peut disposer de son mobilier et l'aliéner.
» Elle ne peut aliéner ses immeubles sans le consentement
de son mari, ou sans être autorisée par justice, sur son refus. »

Cet article s'applique, non seulement au cas de la séparation de biens judiciaire, mais encore au cas de la séparation de biens conventionnelle et à celui où la femme, mariée sous le régime dotal, possède des biens paraphernaux.

Il importe dès lors de distinguer quels sont les actes que la femme peut faire seule en vertu de son droit

d'administration, et les actes pour lesquels elle reste
frappée d'incapacité, et qu'elle ne peut faire sans autorisation.

Nous allons étudier successivement certaines caté-
gories d'actes qui présentent des difficultés très déli-
cates.

1° Aux termes de l'article 217, la femme mariée est
incapable d'acquérir seule, soit à titre gratuit, soit à
titre onéreux. Cette incapacité est-elle modifiée par
l'article 1449? L'affirmative n'est pas douteuse. Cet
article attribue à la femme le droit d'administrer ses
biens, et le droit d'administration implique la faculté
d'acquérir, sinon à titre gratuit, du moins à titre onéreux. En effet, l'administration des immeubles ruraux,
par exemple, a pour but et pour résultat d'obtenir des
produits en nature ; un des compléments de cette administration, c'est d'échanger ces produits contre d'autres
valeurs, contre de l'or ou de l'argent le plus souvent.
Mais cet échange, cette transformation des produits du
sol en numéraire constitue une acquisition à titre onéreux ; on acquiert de l'argent à titre onéreux, c'est-à-
dire moyennant une aliénation correspondante qui consiste en denrées. De plus, l'argent étant par lui-même
improductif, certainement c'est faire un acte de bonne
administration que d'aliéner le numéraire contre des
valeurs mobilières ou immobilières susceptibles de donner un revenu. La femme pourra donc, en vertu de
l'article 1449, acquérir des valeurs mobilières, telles

que rentes sur l'Etat ou actions de diverses Compa-
gnies; elle pourra même acquérir des immeubles, et,
en cas de difficulté, les juges auront à apprécier en fait
si telle ou telle acquisition de meubles ou d'immeubles
peut être considérée comme un acte d'administration.
Je crois même que la femme pourrait acheter ainsi à
crédit, du moins dans certaines limites. Supposons que
les économies faites par la femme sur ses revenus an-
nuels s'élèvent à 5,000 francs; la femme accumule ces
revenus pendant trois ans, elle les garde improductifs,
ou bien elle les place en valeurs mobilières d'une sécurité plus ou moins chanceuse. Elle trouve enfin l'occasion d'acheter à bon compte un immeuble de 20,000 fr.;
elle n'a que 15,000 fr. disponibles, mais les revenus de
l'année suivante, qu'elle réalisera peut-être dans quelques mois, lui permettront de combler ce déficit. Dans
ce cas, je n'hésiterai pas à considérer cette acquisition
d'immeuble faite à crédit pour partie comme un acte
d'administration, et même comme un acte de bonne
administration.

Nous venons de voir que l'acquisition d'un immeuble
peut constituer un acte d'administration; en est-il de
même de l'aliénation des immeubles? La femme acquiert
un immeuble avec ses revenus; les capitaux qu'elle a
ainsi immobilisés lui sont plus tard nécessaires pour
l'administration de ses biens; pourra-t-elle, sans autorisation, en vertu de son droit d'administration, aliéner
l'immeuble qu'elle a précédemment acquis avec ses

économies? Je crois la femme incapable à cet égard ;
le § 3 de l'article 1449 est formel : « La femme ne
» peut aliéner ses immeubles sans le consentement du
» mari, ou sans être autorisée par justice, à son refus. »

En résumé, l'article 1449, dérogeant à l'article 217,
permet à la femme de disposer de son mobilier et de
l'aliéner pour l'acquisition de biens meubles ou immeubles. Et s'il s'élève des difficultés au sujet de la capacité
de la femme en cette matière, il faut rechercher si
l'acte critiqué constitue un acte d'administration ; si
oui, la femme a pu le faire valablement sans autorisation ; si non, l'acte est nul, la femme n'étant relevée
de son incapacité que dans la limite de son droit d'administration.

Mais, en vertu de l'article 1449, la femme peut-elle,
sans autorisation, acheter un droit d'usufruit ou placer
ses capitaux à fonds perdus? Je la crois incapable à cet
égard. Il est vrai que l'article 1449 permet à la femme
de disposer de son mobilier sans énoncer de restriction,
mais il faut reconnaître que le § 2 de l'article 1449
n'est que l'explication et le développement du premier,
qui n'a trait qu'aux actes d'administration ; et, dès
lors, la femme n'a le droit de disposer de son mobilier
qu'autant que cette disposition a le caractère d'acte
d'administration. Or, employer ses capitaux à l'achat
d'un droit d'usufruit ou d'une rente viagère, ce n'est
point faire acte d'administration, ce n'est pas même un
acte de mauvaise administration, c'est une aliénation

ordinaire, et même le plus souvent très mal entendue, car elle sacrifie l'avenir aux satisfactions présentes.

La femme mariée peut-elle, en vertu de l'article 1449, transiger ou faire un compromis?

Qu'elle puisse transiger, cela me paraît incontestable, pourvu, toutefois, que la transaction ne se rapporte qu'à des objets mobiliers et qu'elle constitue un acte d'administration. La transaction, en effet, consiste dans une aliénation réciproque, et nous venons de voir que la femme n'a le droit d'aliéner même son mobilier que dans la limite de son droit d'administration.

Quant à compromettre, je crois la femme incapable.

En effet, compromettre, c'est soumettre un différend à une juridiction anormale; c'est en quelque sorte engager un procès débattu en première instance devant des juges choisis par les parties et en appel devant un tribunal civil. La femme ne peut donc pas ester en jugement arbi'ral sans autorisation de son mari, alors même que ses meubles seraient seuls mis en question. La nécessité de l'autorisation s'explique en matière de compromis, alors qu'elle n'existe pas quand il s'agit de transaction. La transaction se résout en un contrat, le compromis en un jugement; et, d'autre part, la femme peut apprécier les sacrifices qu'elle consent dans le cas de transaction; mais, quand elle compromet, elle se met à la discrétion des arbitres.

Voyons maintenant quels sont les effets des obligations contractées par la femme jouissant du bénéfice de l'article 1449.

Distinguons d'abord les obligations qui se rapportent à son administration et celles qui y sont étrangères.

Quand la femme se borne à faire des actes d'administration (nous la supposons toujours dans un des cas où l'article 1449 est applicable), toutes les obligations qu'elle contracte sont valables ; et, comme aux termes de l'article 2092 quiconque s'oblige personnellement est tenu de remplir son engagement sur tous ses biens mobiliers et immobiliers, présents et à venir, il en résulte que l'exécution des obligations contractées par la femme mariée pourra aboutir à l'aliénation de ses immeubles ; c'est incontestable ; en accordant à la femme le droit d'administrer, il fallait lui en fournir les moyens ; or, si la femme n'avait pas le droit d'engager indirectement ses immeubles, l'exercice de son droit d'administration serait à peu près impossible ; elle ne trouverait pas le moindre crédit. Du reste, cette solution ne présente pas de graves inconvénients ; quand les créanciers de la femme poursuivront la vente de ses immeubles, les tribunaux apprécieront si la dette a été contractée à l'occasion d'un acte d'administration ; et, dans le cas de l'affirmative seulement, ils déclareront que l'exécution des obligations contractées par la femme peut être poursuivie sur ses immeubles.

Mais il ne faudrait pas aller jusqu'à dire que la femme ayant l'administration de ses biens peut hypothéquer ses immeubles. L'hypothèque étant un démembrement du droit de propriété, la constitution d'hypothèque est une aliénation directe, et la femme n'a pas le droit d'aliéner tout ou partie de ses immeubles, elle peut seulement contracter des obligations relatives à son administration.

Maintenant, la femme peut-elle contracter, sans autorisation, des obligations étrangères à l'administration de ses biens? Je déciderai négativement. L'article 217 est formel; il déclare la femme incapable d'aliéner et d'acquérir, soit à titre gratuit, soit à titre onéreux, et hors de là, pas d'obligation conventionnelle possible. Il est vrai que l'article 1449 contient une exception à l'article 217; mais nous savons quelle en est l'étendue. Le premier paragraphe de cet article confère à la femme un droit d'administration; le deuxième et le troisième développent et complètent le premier; le deuxième accorde à la femme le droit de disposer de ses meubles; le troisième décide qu'elle ne peut pas aliéner sans autorisation; mais ces trois paragraphes se rapportent au même objet et précisent l'étendue des pouvoirs que le droit d'administration confère à la femme sur ses biens; ils ne touchent en rien à la capacité ordinaire de la femme, qui dès lors se trouve sous l'empire des principes généraux, c'est-à-dire régie par l'article 217, qui déclare la femme mariée incapable de s'obliger, ou, ce qui revient au même, d'aliéner et d'acquérir, soit à titre gratuit, soit à titre onéreux.

La femme ne peut donc contracter ni bail, ni emprunt, ni prêt, quand ces contrats n'ont pas pour elle le caractère d'actes d'administration. La femme n'a pas non plus le droit d'accepter un mandat, ou du moins le mandat qu'elle accepte ne produit pas contre elle d'engagement valable; le mandant sera valablement représenté par la femme incapable; mais la femme ne sera pas engagée à l'égard des tiers, ni même à l'égard du mandant.

Ceci nous amène à résoudre une question qui se présente souvent dans la pratique, mais qui rarement soulève des difficultés. La direction du ménage appartient habituellement à la femme; c'est elle qui s'occupe des achats nécessaires pour la nourriture et le vêtement de la famille; elle traite, tantôt en son nom personnel, tantôt au nom de son mari, le plus souvent sans indication à cet égard.

La question peut se présenter sous différents régimes.

Supposons d'abord la femme mariée sous le régime de la communauté, sous le régime sans communauté, ou bien encore sous le régime dotal, mais sans paraphernaux; dans chacun de ces cas, le mari a l'administration et la jouissance de tous les biens de la femme; c'est au mari de payer les dépenses que la femme peut faire dans l'intérêt commun du ménage, et même on présume que ces dépenses sont faites du consentement du mari; car, étant indispensables, elles sont dans les attributions de la femme. Chaque fois donc que la femme contractera pour les besoins du ménage, pour l'entretien de la famille, elle ne sera pas personnellement obligée, son mari sera seul tenu de faire face à ses engagements.

Néanmoins, si les fournisseurs, par négligence ou par cupidité, facilitent des dépenses excessives, en accordant à la femme un crédit que son mari désapprouverait, ils n'auront d'action ni contre le mari, ni contre la femme, sinon jusqu'à concurrence du profit qu'ils auront retiré. D'abord, ils n'auront pas d'action contre le mari, car sa femme n'a pu l'obliger que dans la limite du mandat tacite qu'elle tenait de lui, c'est-à-dire dans la limite des besoins du ménage. Ils n'auront pas non plus d'action contre la femme, car elle ne s'est pas engagée personnellement, et, du reste, elle n'aurait pas pu le faire sans autorisation de son mari ou de justice.

Et il n'y a pas à distinguer si la femme a contracté au nom de son mari ou en son nom personnel, si elle s'est présentée comme femme mariée, ou comme fille ou veuve. C'est à celui qui contracte à s'assurer de la capacité de la personne avec laquelle il contracte; et alors même que la femme, par des machinations frauduleuses, aurait induit en erreur sur son véritable état les tiers avec lesquels elle a contracté, la femme ne serait point tenue à raison du contrat qu'elle a fait, ce contrat étant nul; tout au plus serait-elle tenue du dom-

8

mage résultant de sa fraude. Nous verrons l'utilité de
cette distinction quand nous traiterons des actes faits par
la femme sans l'autorisation qui lui était nécessaire.

Dans le cas où la femme a l'administration et la
jouissance de ses biens, il devient plus difficile de dis-
cerner quand elle agit pour son compte personnel, et
quand elle agit comme mandataire de son mari. Lorsqu'elle contracte dans l'intérêt commun du ménage,
elle n'est point engagée personnellement; elle n'est
que mandataire de son mari; mais lorsqu'elle contracte
dans son intérêt exclusif, elle est seule obligée; le mari
reste étranger à ces sortes d'actes, par la raison que la
femme administre ses biens, en perçoit les revenus,
dont elle dispose comme elle l'entend, ne donnant à
son mari qu'une part contributive dans les dépenses
communes du ménage.

Quand la séparation de biens est la conséquence de
la séparation de corps, il y a encore moins de difficultés;
la vie commune ayant cessé de droit, la femme ne peut
jamais être présumée mandataire de son mari; quand
elle contracte, elle n'oblige qu'elle seule.

En résumé, si la femme ne s'est pas réservé dans
son contrat de mariage le droit d'administrer ses biens
en tout ou en partie, son incapacité est absolue; elle
ne peut faire aucun acte susceptible de produire un effet
de droit pour ou contre elle; l'incapacité s'applique
aussi bien aux actes de simple administration qu'aux
actes de disposition.

Que si, au contraire, elle a conservé, d'après ses conventions matrimoniales, l'administration de ses biens en totalité ou en partie, son incapacité n'est plus que relative à certains actes ; incapable de faire des actes de disposition, elle peut faire tout acte d'administration.

Pour compléter notre étude sur ce point, il nous reste à examiner si la femme est tenue de quelque obligation par suite de ses délits, de ses quasi-délits, ou d'un quasi-contrat, et nous terminerons en signalant la capacité de la femme relativement à certains actes spéciaux, tels que le testament, la reconnaissance d'un enfant naturel, etc.

Et d'abord, la femme est-elle obligée par ses délits? Par exemple, elle a commis un vol : peut-elle être poursuivie sur ses biens meubles et immeubles, en réparation du préjudice causé? C'est incontestable : ce serait une violation flagrante des principes les plus élémentaires que de permettre à la femme de conserver son patrimoine intact, quand elle s'approprie injustement le bien d'autrui. Le législateur a voulu protéger la femme contre sa propre faiblesse, et non point lui assurer le privilége d'une impunité scandaleuse.

Quant aux quasi-contrats, la question me paraît très délicate.

En matière de gestion d'affaires, par exemple, deux cas sont à distinguer : celui où la gestion émane d'un tiers et celui où la gestion émane de la femme.

Lorsqu'un tiers a géré les affaires de la femme mariée, quelle action pourra-t-il exercer contre elle? Si la gestion a été bonne et profitable, il pourra certainement réclamer ses déboursés, par cette raison qu'il n'est permis à personne de s'enrichir aux dépens d'autrui. Mais si la gestion, bonne et utile d'abord, n'offre plus à la femme aucun bénéfice, par suite d'accidents ou d'événements imprévus, le gérant pourra-t-il réclamer l'équivalent de l'utilité que la gestion avait pour elle au moment où elle était accomplie? Dans le sens de l'affirmative, on dit que la femme devra rembourser au gérant le bénéfice qui résultait pour elle de la gestion avant que la chose gérée eût péri ou eût été endommagée, au moment de la gestion, la femme s'est trouvée obligée, et cette obligation n'a pu s'éteindre que par un mode d'extinction normal et régulier.

Je ne crois pas cette argumentation exacte; elle repose sur ce principe que la femme est obligée du moment que la gestion lui est profitable; mais admettre ce principe, c'est résoudre la question par la question. L'art. 1375 est ainsi conçu : « Le maître dont » l'affaire a été bien administrée doit remplir les enga- » gements que le gérant a contractés en son nom, etc. » Mais il est évident que si la femme n'a pas qualité pour s'engager en administrant ses biens, le tiers n'a pas pu l'engager par sa gestion. Il faut donc décider que le gérant aura contre la femme l'action de gestion d'affaires quand il aura fait un acte que la femme était capable de faire ; dans le cas contraire, la femme, qui ne pouvait pas s'engager directement, ne pourra'pas être engagée indirectement, et le gérant n'aura contre elle que l'action *de in rem verso*, fondée sur ce principe que nul ne peut s'enrichir aux dépens d'autrui.

Dans l'hypothèse inverse, supposons que la femme ait géré sans mandat l'affaire d'autrui, est-elle obligée à l'égard des tiers, est-elle obligée à l'égard du maître?

A l'égard des tiers, elle n'est certainement pas obligée ; les tiers n'auraient pas dû traiter avec une femme mariée non autorisée ; ils sont en faute d'avoir traité avec une personne incapable, et ne peuvent intenter contre la femme qu'une action *de in rem verso*. Quant au maître de l'affaire, il devra subir la même condition ; il pourra intenter contre la femme une action *de in rem verso*, et, contre les tiers qui ont imprudemment traité avec elle, une action pour le total du préjudice qu'il aura éprouvé. Toutefois, si la femme était en faute, elle aurait ainsi commis un quasi-délit, et sa responsabilité serait engagée.

Dans le cas de paiement de l'indû, si le paiement est fait à la femme, l'auteur du paiement n'aura contre elle qu'une action *de in rem verso*, et il n'y aura pas à distinguer si la femme a l'administration de ses biens; car, dans aucun cas, elle n'a capacité suffisante pour recevoir le paiement de ce qui ne lui est pas dû.

Il nous reste, enfin, à examiner les actes pour lesquels la femme n'a besoin d'aucune autorisation.

Aux termes de l'article 226 du Code civil, la femme peut tester sans l'autorisation de son mari ; on comprend le motif de cette exception à l'article 216. Le testament doit être l'œuvre personnelle et exclusive de celui qui le fait ; or, il n'en serait pas ainsi si la femme ne pouvait pas tester sans l'autorisation de son mari ou de justice. En outre, comme le testament ne produit d'effets qu'après la mort du testateur, le testament ne peut pas porter atteinte à la puissance maritale après la mort de la femme, puisqu'à ce moment le mariage et la puissance maritale n'existent plus. La femme peut non seulement faire un testament, elle peut encore le révoquer ou le modifier quand bon lui semble ; révoquer un testament ou le modifier, c'est tester.

La femme peut encore révoquer les donations qu'elle a faites à son mari pendant le mariage. C'est la conséquence du principe qui déclare essentiellement révocables les donations faites entre époux pendant le mariage.

Enfin, la femme mariée n'a pas besoin d'autorisation pour reconnaître l'enfant naturel qu'elle aurait eu avant son mariage à l'insu de son mari. La capacité est la règle, l'incapacité l'exception ; or, aucune loi ne défend à la femme de reconnaître son enfant naturel. Comme elle est plus intéressée que personne à ne pas faire cette reconnaissance qui l'atteint dans sa fortune et dans son honneur et qui peut porter dans son ménage un trouble irréparable, la loi a pensé que la femme ne reconnaîtrait un enfant naturel que pour réparer une faute certaine ; et, du reste, l'astreindre à demander, en pareil cas, l'autorisation de son mari, c'eût été provoquer entre les époux la désunion qui résulterait de la reconnaissance, et, le plus souvent, sans profit, car l'enfant naturel ne serait pas reconnu.

Nous avons dit précédemment que la femme peut faire des actes conservatoires de sa fortune acquise, pourvu qu'ils soient de telle nature que la femme ne soit pas obligée, pour les faire, d'ester en jugement. Enfin, la femme peut agir seule en vertu des droits que la loi lui confère personnellement ; elle peut seule consentir au mariage de ses enfants, accepter les donations qui leur sont faites, etc.

Nous savons maintenant qu'il y a certains actes que la femme peut faire seule ; d'autres qu'elle ne peut faire qu'avec autorisation. Quant à ces derniers, nous allons voir à quelles conditions elle peut les faire.

CHAPITRE II.

PAR QUI ? DE QUELLE MANIÈRE ? A QUEL MOMENT L'AUTORISATION DOIT-ELLE ÊTRE DONNÉE ?

Notre législation serait incomplète si, après avoir imposé à la femme la nécessité d'une autorisation pour

ester en justice et pour contracter, elle n'avait pas
déterminé par qui, quand et comment cette autorisation devait être donnée?

Ces différentes questions sont résolues dans les articles 219 à 224 du Code civil. Nous allons en essayer
l'explication. Nous verrons successivement : 1° par qui
l'autorisation peut être donnée; 2° comment elle doit
être donnée; et, enfin, 3° à quel moment elle doit être
donnée.

§ 1er.

Par qui l'autorisation doit-elle être donnée?

En règle générale, c'est le mari qui autorise sa
femme à ester en jugement ou à contracter. Si l'incapacité de la femme résulte de ce qu'elle est inhabile aux
affaires, elle a près d'elle un homme capable de lui
donner d'utiles conseils; le mari est donc son guide
naturel. Si l'incapacité de la femme est une conséquence
de la puissance maritale, c'est encore au mari qu'il
appartient de relever la femme de son incapacité; c'est
à lui qu'il appartient d'apprécier quels sont les actes de
la femme qui peuvent porter atteinte à son honneur et
à sa dignité. Comme conséquence de ces principes, le
législateur décide qu'en règle générale c'est au mari
que la femme doit demander l'autorisation dont elle a
besoin pour ester en jugement ou pour contracter.

Cependant, ce pouvoir que le législateur confère au
mari pourrait devenir arbitraire. Si le refus du mari

n'avait pas été soumis au contrôle d'une autorité supérieure, la femme aurait été à la merci des caprices de
son mari ; ses intérêts auraient pu être arbitrairement
compromis. Mais le législateur a pris soin de mettre
la femme à l'abri des abus que le mari pourrait faire du
pouvoir qui lui est confié ; et quand le mari refuse
l'autorisation que sa femme lui demande, celle-ci peut
s'adresser à justice, et si la justice trouve le refus du
mari mal fondé, elle accorde l'autorisation. Les articles 218 et 219 sont ainsi conçus :

Article 218 : « Si le mari refuse d'autoriser sa femme à ester
» en jugement, le juge peut donner l'autorisation. »

Article 219 : « Si le mari refuse d'autoriser sa femme à
» passer un acte, la femme peut faire citer le mari directe-
» ment devant le tribunal de première instance de l'arrondis-
» sement du domicile commun, qui peut donner ou refuser
» son autorisation après que le mari aura été entendu ou
» dûment appelé en la chambre du Conseil. »

Nous verrons bientôt que ce dernier article, en tant
qu'il règle la forme suivant laquelle l'autorisation de
justice doit être demandée et accordée, a été modifié
par les articles 861 et suivants du Code de procédure.
Nous nous bornons, quant à présent, à voir dans cet
article le principe qu'il contient.

En résumé, c'est au mari qu'il appartient d'accorder
à la femme l'autorisation dont elle a besoin pour ester
en jugement ou pour contracter ; mais la femme peut,
sur le refus du mari, s'adresser à justice pour en obtenir
l'autorisation qui lui est nécessaire.

Cette règle générale souffre deux exceptions :

1° Il est des cas où le mari seul peut autoriser la femme ; son refus est péremptoire et ne peut être soumis au contrôle de la justice ;

2° Il est des cas où l'autorisation de justice est nécessaire et suffisante, le mari n'étant point consulté.

Nous allons examiner successivement ces deux questions.

1° Des cas dans lesquels l'autorisation du mari ne peut pas être suppléée par celle de justice.

Il y a trois cas dans lesquels l'autorisation judiciaire ne peut pas suppléer l'autorisation maritale.

I. *Quand la femme veut aliéner ses immeubles dotaux pour l'établissement des enfants communs.*

Quand la femme veut aliéner des immeubles dotaux pour l'établissement d'enfants qu'elle a eus d'un premier lit, l'autorisation de justice peut suppléer celle du mari ; la loi n'a pas voulu que les enfants fussent privés d'un établissement, et que leur avenir pût être compromis par la malveillance d'un beau-père. Mais lorsqu'il s'agit de l'établissement d'enfants communs, l'autorisation de justice ne peut pas suppléer celle du mari ; on comprend le motif de la distinction dans ces deux cas ; on présume que les époux ont une égale affection pour les enfants nés de leur mariage, mais le mari est mieux à même de juger le parti qu'il convient de prendre ; il a de plus que la femme l'habitude et l'expérience des affaires ; en outre, la puissance paternelle lui donne le droit et lui impose le devoir de veiller à ce que les enfants ne s'engagent pas dans une entreprise téméraire. Que si la femme, mue par des sentiments d'affection irréfléchie, consent à l'aliénation de ses immeubles pour l'établissement de ses enfants, le père peut refuser d'autoriser cette aliénation, et son refus est péremptoire ; car la loi présume que s'il refuse de consentir à l'établissement de ses enfants, c'est parce qu'il a de justes raisons de s'y opposer.

II. *L'autorisation judiciaire ne peut pas suppléer l'autorisation maritale quand la femme veut faire le commerce.*

Lorsqu'il s'agit de faire un acte déterminé, la justice peut apprécier les conséquences qu'il aura ; les magistrats peuvent juger si la femme est capable de le faire utilement et si ses intérêts ne risquent pas d'être compromis. Et quand le mari refuse d'autoriser sa femme à faire des actes spécialement déterminés, la justice peut, à bon droit, intervenir, contrôler le refus du mari, et l'annuler s'il n'est pas motivé, s'il est le résultat d'une volonté arbitraire.

Mais il n'en est plus de même quand il s'agit d'un commerce à entreprendre ; il ne s'agit pas, en effet, d'un acte unique et déterminé dont l'étendue et les conséquences puissent être facilement appréciées ; il s'agit, au contraire, d'une série d'actes, d'une suite d'affaires, dont l'importance sera plus ou moins grande selon que la femme sera prudente ou téméraire dans son entreprise. Il n'est guère possible de prévoir les risques que peut courir la fortune d'une femme qui s'engage dans une entreprise commerciale ; pour en avoir une idée approximative, il faut connaître l'intelligence, la prudence, l'expérience de la femme qui veut entreprendre le commerce ; il est donc incontestable qu'en cette matière, le meilleur juge, le seul juge, c'est le mari. Les tribunaux n'ont pas les éléments nécessaires pour statuer sur le point qu'ils auraient à apprécier ; ils ne pourraient décider qu'au hasard, et c'est presque en aveugles qu'ils accorderaient à la femme la capacité la plus compromettante. De là cette disposition de l'article 4 du Code de commerce.

Article 4 : « La femme ne peut être marchande publique » sans le consentement de son mari. »

Il existe un autre motif pour écarter, en cette matière, toute intervention judiciaire : c'est que la femme qui s'engage dans une entreprise commerciale est obligée d'adopter un genre de vie qui ne s'accorde pas avec les prérogatives de la puissance maritale ; elle est à chaque instant en relation avec des personnes de toute sorte ; dès lors, il appartient au mari seul de juger si cette manière de vivre n'aura pas d'inconvénients pour son honneur et sa dignité

Dans le cas où le mari est absent, mineur ou interdit, l'autorisation de justice sera-t-elle suffisante pour
habiliter la femme à faire le commerce? Quelques
auteurs admettent la négative; mais cette solution
serait tellement rigoureuse, qu'il faudrait qu'elle fût
basée sur un texte de loi pour décider ainsi. En effet,
quand le mari est absent ou interdit, sa famille est
privée des secours qu'il pouvait lui procurer; si la
femme, obligée de subvenir aux besoins de sa famille,
n'a que son travail pour unique ressource; si, d'autre
part, son aptitude commerciale est incontestable, sera-
t-elle dans l'impossibilité de faire le commerce sous
prétexte qu'elle n'a pas l'autorisation de son mari? Ce
serait trop rigoureux. L'équité exige que la femme
puisse mettre en œuvre ses aptitudes commerciales
pour subvenir aux besoins de sa famille; et, d'un autre
côté, cette décision n'est contraire ni au texte, ni à
l'esprit de la loi. On voudrait que la femme obtînt le
consentement de son mari; mais ce consentement ne
peut pas exister, le mari ne pouvant pas manifester sa
volonté. Et que l'on n'invoque pas l'article 4 du Code
de commerce, d'après lequel la femme ne peut pas
faire le commerce sans le consentement du mari, car
cet article suppose nécessairement que le consentement
du mari peut exister; et, dans le cas de minorité,
d'absence ou d'interdiction, le consentement du mari
n'est pas possible; il faut, dès lors, décider que ces
cas n'ont pas été prévus par l'article 4 du Code de

commerce ; il faut les résoudre par l'application des principes généraux sur la matière : quand le mari est dans l'impossibilité d'autoriser la femme, la justice intervient.

Mais il ne faudrait pas étendre ce raisonnement au-delà de ses justes limites. On a prétendu que la femme séparée de corps et de biens, et même de biens seulement, pouvait être autorisée par justice à faire le commerce, malgré l'opposition de son mari. Je crois que c'est une erreur. La séparation de corps laisse subsister les liens du mariage, le mari a toujours le droit de contrôler la conduite de sa femme ; tous les principes qui placent la femme sous l'autorité maritale subsistent, un seul excepté, celui qui oblige la femme à résider avec son mari ; dès lors, le mari a le droit d'empêcher sa femme de faire le commerce, en lui refusant l'autorisation dont elle a besoin ; il n'y a pas lieu de faire une exception à cet égard.

Quand la femme est mineure, pour qu'elle devienne habile à commercer, il lui faut, indépendamment du consentement du mari, l'autorisation de ses propres parents, car c'est à eux que l'article 2 du Code de commerce confie le soin d'apprécier si leur enfant mineur peut, sans danger, s'engager dans une entreprise commerciale.

III. *Enfin, l'autorisation du mari est indispensable pour que la femme, mariée sous un régime autre que*

celui de la séparation de biens, puisse valablement s'obli-
ger en se chargeant d'une exécution testamentaire. —
L'autorisation de justice ne suppléerait pas l'autorisation maritale ; elle ne rendrait pas la femme capable
de s'engager sur la nu-propriété de ses biens.

Nous venons de voir qu'en règle générale, la femme
doit être autorisée par son mari, et, sur son refus, par
justice ; et que, par exception, elle ne pouvait être
valablement autorisée dans certains cas que par son
mari : pour aliéner ses biens dotaux dans le but d'établir ses enfants communs ; pour faire le commerce, et
pour se charger d'une exécution testamentaire. Nous
allons maintenant rechercher dans quels cas l'autorisation de justice est nécessaire et suffisante, le mari
n'étant pas consulté.

2⁰ Des cas dans lesquels l'autorisation de justice est nécessaire et
suffisante, le mari n'étant pas consulté.

Il y a certaines situations exceptionnelles dans
lesquelles il est impossible à la femme d'obtenir
l'autorisation de son mari ; par exemple, quand le
mari est absent, quand il est mineur ou interdit, ou
quand il est condamné à une peine afflictive et infamante.

L'incapacité de la femme subsistant, le principe de
la nécessité de l'autorisation est maintenu ; mais ce
n'est pas au mari de l'accorder, puisqu'il est dans

l'impossibilité de le faire ; c'est à la justice que le
législateur confie cette mission ; nous allons parcourir
successivement chacune des hypothèses que nous avons
signalées.

I. *L'autorisation de justice supplée à celle du mari,
quand le mari est en état de déclaration ou même de
simple présomption d'absence.*

Article 222 : « Si le mari est absent, le juge peut, en con-
» naissance de cause, autoriser la femme, soit pour ester en
» jugement, soit pour contracter. »

Certains auteurs distinguent le cas où le mari est
non présent, et celui où il est en état de déclaration
ou même de simple présomption d'absence. Ils prétendent que, dans le cas où le mari est non présent, la
femme doit attendre son retour, parce que la loi ne
parle que de l'absence déclarée et de la présomption
d'absence. Cependant, si on s'en rapporte aux travaux
préparatoires, le mot *absent* ne doit pas être pris dans
le sens strict qu'il a au titre de l'absence ; cette expression s'applique aussi au non présent. Cette solution est
parfaitement équitable ; car le mari pourra se trouver
tellement éloigné, qu'il sera impossible à la femme de
se procurer en temps utile l'autorisation dont elle a
besoin. En cas de non présence du mari, les tribunaux
apprécieront si la femme doit attendre son retour, ou
s'il y a lieu de lui accorder l'autorisation de justice.

II. *L'autorisation de justice supplée à celle du mari,
quand le mari est mineur.*

Article 224 : « Si le mari est mineur, l'autorisation du juge
» est nécessaire à la femme, soit pour ester en jugement, soit
» pour contracter. »

Dans l'ancien droit, le mari mineur était capable
d'autoriser sa femme à contracter ou à ester en jugement ; on considérait l'incapacité de la femme comme
une conséquence de la puissance maritale, et le mineur
habile à contracter mariage était réputé capable de
faire tous les actes nécessaires pour se maintenir
dignement en cet état.

Aujourd'hui, l'incapacité de la femme est également
fondée sur sa faiblesse naturelle et sur la protection
dont elle a besoin. Or, le mari mineur étant réputé
incapable de se protéger lui-même, ne saurait être
capable de protéger sa femme. Le mari mineur ne
peut pas faire certains actes sans autorisation, comment pourrait-il donner valablement à sa femme l'autorisation de faire ces mêmes actes ?

Toutefois, le mari, étant émancipé par le seul fait
de son mariage, devient capable d'administrer ses
biens ; dès lors, il est capable d'autoriser sa femme à
faire des actes d'administration. Il est vrai que le plus
souvent cela présentera peu d'intérêt pratique ; car,
ou bien la femme s'est réservé dans son contrat de
mariage le droit d'administrer ses biens, et alors elle
n'a pas besoin d'être autorisée par son mari pour faire

9

des actes d'administration ; ou bien le mari est chargé d'administrer les biens de la femme, et alors celle-ci, n'ayant pas besoin de faire des actes d'administration, n'a pas besoin d'être autorisée à cet effet.

Toutefois, comme, aux termes de l'art. 482 du Code civil, le mineur émancipé peut intenter et soutenir des actions mobilières, et que, d'autre part, la femme capable d'administrer ses biens ne peut pas ester en jugement sans autorisation de son mari ou de justice, le mari mineur pourra valablement autoriser sa femme à ntenter les actions mobilières se rapportant au droit d'administration qu'elle s'est réservé.

Il peut arriver, c'est même le cas le plus fréquent, que la femme soit mineure. Quelles seront, en pareil cas, les règles de l'autorisation maritale? Sous ce rapport, il importe peu que la femme mariée soit majeure ou mineure; la nécessité de l'autorisation maritale est a même dans les deux cas ; mais la femme mariée encore mineure a besoin, en tant que mineure, de l'assistance d'un curateur dans tous les cas où l'assistance d'un curateur est nécessaire au mineur émancipé.

On considère le mari comme le curateur légal de sa femme; aucun texte de loi ne lui donne expressément cette qualité, mais on le déduit de l'art. 2208.

Article 2208 : « En cas de minorité du mari et de la femme,
» ou de minorité de la femme seule, si son mari majeur refuse
» de procéder avec elle, il est nommé par le tribunal un
» *tuteur* à la femme contre lequel la poursuite est exercée. »

Cet article 2208 suppose que le mari remplit de plein droit, auprès de sa femme, le rôle de curateur, et ce n'est qu'autant que le mari refuse d'en remplir les fonctions qu'on nomme à la femme un curateur étranger.

Quant aux actes pour lesquels l'assistance d'un curateur ne suffit pas au mineur émancipé, la femme sera soumise aux mêmes règles que le mineur ordinaire et tenue de recourir, suivant les cas, à l'autorisation du conseil de famille et à l'homologation du Tribunal.

Si le mari est lui aussi mineur, il ne pourra pas remplir, à l'égard de sa femme, les fonctions d'un curateur. Néanmoins, on ne donnera pas à sa femme un curateur ordinaire dont les pouvoirs se concilieraient mal avec la puissance maritale ; mais chaque fois que la femme aura besoin de faire un acte pour la validité duquel l'assistance d'un curateur est nécessaire, on nommera un curateur spécial.

L'art. 2208 prévoit le cas de la minorité du mari et de la femme et suppose pour chaque affaire la nomination d'un tuteur *ad hoc*. C'est par mégarde qu'on a mis tuteur au lieu de curateur, car la femme étant émancipée par son mariage, il ne peut pas être question de lui nommer un tuteur.

III. *L'autorisation de justice supplée à celle du mari, quand le mari est interdit.*

Article 222 : « Si le mari est interdit, le juge peut, en con-

» naissance de cause, autoriser la femme, soit pour ester en
» jugement, soit pour contracter. »

L'interdiction plaçant le mari dans une situation
analogue à celle du mineur, le législateur devait appliquer à l'interdit comme au mineur l'incapacité d'autoriser sa femme. Il n'y a point de difficulté quand un
jugement a prononcé l'interdiction ; mais quand le mari
se trouve dans un état de démence que la justice n'a
pas constaté, quand il n'y a pas d'interdiction prononcée, le mari peut-il autoriser sa femme, ou bien la justice seule est-elle compétente pour le faire?

Si le mari en état de démence autorise sa femme à
contracter ou à ester en jugement, la validité de l'autorisation pourra être attaquée par toute personne
intéressée, à la charge par elle de prouver que l'état
intellectuel du mari ne lui permettait pas de manifester
une volonté consciente. Cette preuve sera d'autant plus
difficilement admise, que ceux qui l'invoquent connais-
saient l'état du mari, et savaient, en traitant avec la
femme, que l'autorisation émanée de son mari n'était
pas régulière. Si le mari était dans une maison d'aliénés, rien ne prouve qu'à certains intervalles lucides, il
ne fût capable d'autoriser sa femme à contracter ou à
ester en jugement. La loi ne déclarant le mari incapable que dans le cas d'interdiction, et les incapacités
constituant des exceptions de droit étroit, il n'y a pas
lieu d'étendre l'incapacité d'un cas à un autre ; par suite,
celui qui veut faire déclarer nulle l'autorisation donnée

par un mari enfermé dans une maison d'aliénés, doit prouver qu'au moment où l'autorisation a été donnée le mari n'avait pas l'usage de sa raison.

L'interdiction du mari, quand elle est prononcée, modifie la capacité de la femme et la nécessité de l'autorisation qui lui est imposée.

Supposons la femme tutrice de son mari interdit. Si, dans son contrat de mariage, elle ne s'est pas réservé tout ou partie de l'administration de ses biens, elle administre comme tutrice et ses biens personnels et ceux de son mari ; tout ce qu'elle fait est au nom et pour le compte de son mari. Sa tutelle l'investit d'un mandat qui l'autorise à faire seule tous les actes qu'un tuteur peut faire seul, c'est-à-dire les actes d'administration. Il y a seulement exception quant aux actions judiciaires qu'elle ne peut intenter ou soutenir qu'avec l'autorisation de justice. Si la femme tutrice de son mari interdit s'est réservé dans son contrat de mariage l'administration de la totalité ou d'une partie de ses biens personnels, ses droits à cet égard ne sont point modifiés par l'interdiction de son mari, et, comme tutrice, elle administre pour le compte de son mari les biens dont ce dernier avait l'administration. Elle a sous ce rapport les mêmes pouvoirs qu'un tuteur ordinaire, sauf la restriction que nous avons signalée précédemment quant aux actions mobilières. Quand la femme tutrice de son mari interdit voudra faire comme tutrice des actes qu'un tuteur ordinaire ne peut pas faire seul, elle devra se soumettre aux mêmes règles que le tuteur et recourir, selon le cas, à l'autorisation du conseil de famille ou à l'homologation du tribunal.

Il peut arriver que la femme ne soit pas tutrice de son mari interdit. Dans ce cas, on nomme un tuteur qui gère au nom et pour le compte du mari, et la femme conserve les droits que lui assure son contrat de mariage. Quand elle a besoin de l'autorisation maritale, c'est à la justice qu'elle s'adresse pour y suppléer, et non point au tuteur de son mari, qui n'a qualité que pour administrer au nom de l'interdit.

Lorsque la femme est frappée d'interdiction, si elle a pour tuteur son mari, point de difficulté, on applique les règles ordinaires de la tutelle. Quand le tuteur est un étranger, ses pouvoirs sont également déterminés par les règles de la tutelle; il administre les biens dont la femme s'est réservé l'administration dans son contrat de mariage, mais il est à remarquer qu'il ne peut agir sans l'autorisation du mari, chaque fois que la femme serait obligée de requérir cette autorisation; ses pouvoirs ne peuvent pas être plus étendus que ceux de la femme qu'il représente.

IV. *Enfin, l'autorisation de justice supplée à celle du mari, quand le mari est condamné contradictoirement ou par contumace à une peine afflictive ou infamante.*

Article 221 : « Lorsque le mari est frappé d'une condamna- » tion emportant peine afflictive et infamante, encore qu'elle

» n'ait été prononcée que par contumace, la femme, même
» majeure, ne peut, pendant la durée de la peine, ester en
» jugement, ni contracter qu'après s'être fait autoriser par le
» juge qui peut, en ce cas, donner l'autorisation sans que le
» mari ait été entendu ou appelé. »

Cet article, très simple en apparence, présente néanmoins quelques difficultés.

D'abord, doit-on appliquer cet article 221 dans le cas de bannissement et de dégradation civique? La dégradation civique est une peine tantôt principale, tantôt accessoire et toujours perpétuelle. Elle est infamante, incontestablement, il semble, dès lors, qu'on doive lui appliquer la déchéance de l'article 221. Mais la raison de douter vient de ce que l'article 221, établissant l'incapacité pendant la durée de la peine seulement, constitue une incapacité temporaire, tandis que la dégradation civique est une peine perpétuelle.

Il faut donc décider que le condamné à la dégradation civique peine accessoire ne sera déchu du droit d'autorisation maritale que pendant la durée de la peine principale. Quant au condamné à la dégradation civique peine principale, il conservera son droit d'autorisation, car l'article 221 ne lui est pas applicable.

Quant au bannissement, il constitue certainement une peine infamante et temporaire; il n'y a pas de raison pour le soustraire à l'application de l'article 221. Du reste, il entraîne l'éloignement du mari et met la femme dans l'impossibilité d'obtenir à temps l'autorisation dont elle a besoin. Il faut donc décider que la justice peut, dans ce cas, suppléer à l'autorisation maritale.

Enfin, ces mots « *pendant la durée de la peine* », appliqués au contumace, exigent une explication. Le contumace ne subit jamais de peine; par le seul fait de sa présence, la condamnation par contumace tombe de plein droit. Néanmoins, la prescription de l'article 221 s'applique si évidemment au cas de contumace, qu'il faut donner à ces mots « pendant la durée de la peine » la signification suivante : pendant tout le temps que la peine prononcée n'aura pas été prescrite; pendant ce temps on peut dire, dans un certain sens, que la peine dure encore.

En résumé, il est de principe que la femme doit obtenir de son mari l'autorisation de contracter ou d'ester en jugement; si le mari refuse, la femme peut s'adresser à justice, qui l'autorise s'il y a lieu. Telle est la règle générale; mais cette règle souffre deux dérogations.

Première dérogation. Dans certains cas, l'autorisation du mari est indispensable, celle de justice ne saurait y suppléer; c'est : 1° quand la femme veut aliéner ses immeubles dotaux pour l'établissement d'enfants communs ; 2° quand la femme veut faire le commerce ; 3° quand, mariée sous un autre régime que celui de la séparation de biens, elle veut accepter une exécution testamentaire.

Deuxième dérogation. Dans certains cas, l'autorisation de justice est nécessaire et suffisante, le mari n'étant pas consulté ; c'est : 1º quand le mari est absent, quelquefois même non présent ; 2º quand le mari est mineur ou interdit ; 3º quand il est frappé d'une condamnation afflictive ou infamante.

Maintenant que nous savons par qui est donnée l'autorisation nécessaire à la femme pour contracter ou pour ester en jugement, nous allons voir comment cette autorisation doit être accordée.

§ II.

Comment l'autorisation doit-elle être accordée.

A cet égard, nous rechercherons comment l'autorisation doit être accordée par le mari et comment elle doit être accordée par la justice.

1º Comment l'autorisation doit-elle être accordée par le mari.

Afin d'apporter dans nos explications le plus d'ordre et le plus de clarté qu'il nous sera possible, nous examinerons successivement comment le mari doit accorder l'autorisation nécessaire à la femme pour ester en jugement, et comment il doit accorder l'autorisation nécessaire à la femme pour contracter.

I. *Comment le mari doit-il accorder à la femme l'autorisation nécessaire à la femme pour ester en jugement.*

Le législateur ne prescrit aucune forme spéciale, aucun terme sacramentel pour l'autorisation maritale; ce que la loi exige, c'est l'intervention du mari et la manifestation de son consentement, manifestation qui, du reste, peut être expresse ou tacite.

Il est vrai qu'il n'est question de l'autorisation tacite que dans l'article 217, relatif aux contrats, tandis que l'article 215, relatif aux actes judiciaires, ne mentionne pas que l'autorisation puisse être expresse ou tacite ; il dit seulement : la femme ne peut ester en jugement sans l'autorisation de son mari. On décide néanmoins que l'autorisation tacite du mari suffit à la femme pour ester en jugement, par cette raison que l'article 215 ne règle pas la manière dont l'autorisation doit être accordée. Cette solution est conforme aux principes de notre ancienne législation, que les auteurs du Code, dans leurs travaux préparatoires, déclarent vouloir maintenir en assimilant les formes de l'autorisation pour ester en jugement et pour contracter.

Ainsi, l'autorisation maritale nécessaire à la femme pour ester en justice peut être expresse ou tacite.

L'autorisation expresse peut être donnée par acte authentique, par acte sous seing privé, même par lettre missive, la loi n'ayant prescrit aucune forme spéciale sous peine de nullité.

Par application de ce principe, on est allé jusqu'à

décider, avec raison, je crois, que l'autorisation maritale pouvait être donnée verbalement ; mais, dans ce
cas, celui qui affirme l'existence de l'autorisation doit
en fournir la preuve ; et cette preuve ne sera pas
toujours sans difficulté.

Quant à l'autorisation tacite, elle est soumise aux
prescriptions de l'article 217 ; par suite, elle ne peut
résulter que du concours du mari dans l'acte ; il est,
dès lors, indispensable que le mari soit partie dans
l'instance où sa femme est engagée.

Il importe peu que le mari figure dans l'instance
comme adversaire de la femme ou comme co-intéressé ;
et, dans ce cas, c'est-à-dire quand la femme plaide
conjointement avec son mari, elle est par cela même
autorisée de lui, le mari aurait-il dans le procès des
intérêts distincts. Toutefois, pour que le concours du
mari dans l'instance emporte autorisation, il faut que
ce concours soit tel qu'il suppose nécessairement, de
la part du mari, connaissance et approbation de l'action
spéciale qui concerne sa femme.

Même quand l'autorisation maritale est expresse, il
n'est pas nécessaire qu'elle soit mentionnée dans les
différents actes du procès ; la loi ne l'exige pas ; mais
l'adversaire de la femme agira prudemment en faisant
constater par écrit cette autorisation ; on ne pourra
pas alors en contester l'existence, ou du moins, en cas
de contestation, il sera facile d'en faire la preuve.

Telles sont les formes de l'autorisation maritale

nécessaire à la femme pour ester en jugement; voyons maintenant comment cette autorisation peut être donnée à la femme qui veut contracter.

II. *Comment l'autorisation maritale est-elle accordée à la femme qui veut contracter?*

L'article 217 régit la matière :

Article 217 : « La femme même non commune ou séparée » de biens ne peut donner, aliéner, hypothéquer, acquérir à » titre gratuit ou onéreux, sans le concours du mari dans » l'acte, ou son consentement par écrit. »

Ainsi, l'autorisation maritale nécessaire à la femme pour contracter diffère peu, quant aux conditions de forme, de l'autorisation nécessaire pour ester en jugement.

Elle peut être expresse ou tacite :

Expresse, elle doit être contenue dans un écrit;

Tacite, elle ne résulte que du concours du mari dans l'acte.

Quant à l'autorisation expresse, aucune forme, aucuns termes sacramentels ne sont exigés; elle peut être donnée par acte sous seing privé, comme par acte authentique; l'acte authentique n'est jamais nécessaire, quand même la femme veut faire un contrat solennel, pour la validité duquel la forme authentique est rigoureusement exigée ; quand, par exemple, elle veut faire ou accepter une donation.

Quant à l'autorisation tacite, elle résulte du concours

du mari dans l'acte ; la validité de cette espèce d'autorisation qui peut être mise en doute quand il s'agit
pour la femme d'ester en jugement, ne saurait l'être
en matière de contrats ; car c'est précisément ce cas
que prévoit et que règle l'article 217.

L'article 217 dit expressément que le consentement
du mari doit être donné par écrit, ou résulter du
concours du mari dans l'acte ; il suit de là, que le
consentement du mari manifesté de toute autre manière sera non avenu ; le mari aura connu le contrat
passé par sa femme ; il l'aura toléré, conseillé, approuvé
même ; la femme ne sera pas cependant autorisée.

Il est un seul cas où l'autorisation tacite du mari
peut résulter d'autres circonstances que de son concours
dans l'acte, c'est quand sa femme entreprend de faire
le commerce.

Lorsque la femme fait des actes de commerce au vu
et au su de son mari, le mari ne donnerait-il pas son
consentement par écrit, le mari ne concourrait-il pas
dans l'acte, la femme serait quand même suffisamment
autorisée ; parce qu'il ne s'agit plus, dans ce cas,
d'appliquer l'article 217, mais l'article 4 du Code de
commerce, qui n'exige pas que le consentement du
mari soit manifesté par écrit.

Article 4 du Code de commerce : « La femme ne peut être
» marchande publique sans le consentement de son mari. »

A cet égard, il importe de remarquer que la femme

ne s'oblige par des actes de commerce qu'autant qu'elle est personnellement commerçante.

L'article 5 du Code de commerce dit, en effet :

« La femme n'est pas réputée marchande publique, si elle » ne fait que détailler les marchandises du commerce de son » mari, mais seulement quand elle fait un commerce séparé. »

La dernière partie de cet article 5 n'est pas rigoureusement exacte ; la femme peut former une société commerciale avec son mari, et alors elle se trouve engagée par ses actes de commerce, bien que son entreprise ne soit pas séparée, distincte de celle de son mari.

Quand la femme ne fait que détailler les marchandises du commerce de son mari, elle ne s'oblige en aucune façon, pas plus envers les tiers qu'envers son mari.

Elle ne s'oblige pas envers les tiers avec lesquels elle contracte, car elle n'agit que pour le compte de son mari, dont elle est mandataire ; elle ne s'oblige pas non plus envers son mari, toujours par ce motif qu'elle n'agit que comme mandataire, et mandataire, par sa nature, incapable de s'obliger.

Mais, que faudrait-il décider si le mari confiait la direction de son entreprise commerciale à sa femme, l'autorisait à s'engager à cet effet comme mandataire, tant par rapport à lui que par rapport aux tiers envers lesquels elle contracterait? Il faudrait, je crois, décider que la femme serait ainsi valablement constituée mandataire de son mari et soumise aux règles ordinaires du mandat. Il faudrait adopter la même solution dans le cas où le mari, non commerçant, autoriserait régulièrement sa femme à s'engager comme mandataire relativement à la direction du ménage. Mais, dans ces deux cas, le mandat accepté par la femme ne l'obligera qu'autant qu'il sera spécial à chaque affaire.

Nous verrons, en effet, bientôt que l'autorisation maritale nécessaire à la femme pour ester en jugement, ou pour contracter, doit être spéciale à chaque affaire, sous peine de nullité.

En un mot, nous pouvons résumer ainsi les règles concernant la forme de l'autorisation maritale nécessaire à la femme pour ester en jugement ou pour contracter : L'autorisation peut être expresse ou tacite : expresse, elle doit être donnée par écrit; tacite, elle ne peut résulter que du concours du mari dans l'acte. Il n'y a d'exception qu'en matière commerciale.

2° Comment l'autorisation doit-elle être accordée par justice?

Quand le mari ne veut pas ou ne peut pas accorder à sa femme l'autorisation dont elle a besoin, nous savons que la femme peut se pourvoir en justice pour se faire autoriser. Nous avons donc à rechercher comment, dans quelles formes, l'autorisation de justice est accordée.

Nous maintiendrons notre division précédente : nous

verrons d'abord comment la femme mariée est autorisée par justice à ester en jugement, et, en second lieu,
comment elle est autorisée à contracter.

I. *Comment la femme est-elle autorisée par justice à
ester en jugement?*

Deux cas sont à distinguer :

1° Celui où la femme est demanderesse ;

2° Celui où la femme est défenderesse.

I. Supposons d'abord la femme voulant intenter un
procès.

D'après l'article 218 : « Si le mari refuse d'autoriser
» sa femme à ester en jugement, le juge peut donner
» l'autorisation. »

Le Code civil se bornait ainsi à poser un principe,
sans rien décider quant au mode d'application.

Pour combler cette lacune, le Code de procédure
civile a consacré un titre à l'autorisation de la femme
mariée.

Le premier article de ce titre, l'article 861, est ainsi
conçu :

« La femme qui voudra se faire autoriser à la poursuite de
» ses droits, après avoir fait sommation à son mari, et sur le
» refus par lui fait, présentera requête au président, qui ren-
» dra ordonnance portant permission de citer le mari, à jour
» indiqué, à la chambre du conseil, pour déduire les causes de
» son refus. »

La justice n'a qualité pour autoriser la femme à ester

en jugement qu'autant que le mari ne veut pas ou ne peut pas le faire. Il faut donc que la femme, en s'adressant à justice, produise la preuve du refus ou de l'incapacité de son mari.

Quant à la preuve du refus, l'article 861 nous indique en quelle forme elle doit être faite : « La femme doit » faire sommation à son mari, et, sur son refus, etc. »

La femme ne sera donc recevable à se pourvoir en justice qu'après une sommation faite à son mari et suivie de refus.

Cette prescription de l'article 861 est d'ordre public, et la femme ne pourrait pas suppléer à la sommation par un acte équivalent : par exemple, en joignant à sa requête le refus de son mari, donné par écrit.

Quand la femme, par une sommation, a mis son mari en demeure d'accorder ou de refuser l'autorisation dont elle a besoin, elle présente une requête au président du tribunal, et, sur cette requête, le président rend une ordonnance qui permet de citer le mari en la chambre du conseil pour y déduire les causes de son refus.

Cette procédure suppose qu'après la sommation signifiée au mari, la femme doit laisser un certain temps s'écouler avant de présenter sa requête, afin que le mari puisse accorder l'autorisation qu'on lui demande, ou faire connaître son refus.

L'article 861 ne dit pas devant quel tribunal l'action doit être portée ; mais, comme il s'agit d'une action personnelle, le tribunal du domicile du défendeur est compétent. C'est donc au président du tribunal du domicile du mari que la femme doit présenter sa requête.

Le président du tribunal rend une ordonnance portant permission de citer le mari en la chambre du conseil ; le législateur n'a pas voulu que les griefs du mari et les récriminations réciproques des époux fussent exposés en audience publique.

Voyons, maintenant, comment il est procédé en la chambre du conseil :

Article 862 du Code de procédure : « Le mari entendu, ou » faute par lui de se présenter, il sera rendu, sur les conclu- » sions du ministère public, un jugement qui statuera sur la » demande de la femme. »

Le jugement sera-t-il prononcé dans la chambre du conseil ou bien en audience publique? La question est controversée, mais on décide généralement que cette procédure doit être faite en entier dans la chambre du conseil. Le texte de la loi suffirait seul pour justifier cette décision. L'article 861 ne parle que de la chambre du conseil ; c'est là que le mari doit être cité, entendu. Et l'article 862, après avoir dit que le mari sera entendu (en la chambre du conseil), ajoute que, faute par le mari de se présenter (en la chambre du conseil), l sera rendu, sur les réquisitions du ministère public, jugement sur la demande de la femme.

Du reste, les travaux préparatoires du Code de procédure confirment cette opinion. M. Berlier, dans son

rapport, s'exprime ainsi : « Cette procédure sera non
» seulement sommaire, mais exempte d'une publicité
» que la qualité des parties et la nature des débats
» rendraient toujours fâcheuse. Ainsi, ce sera à la
» chambre du conseil que le mari sera cité, que les
» parties seront entendues, que le jugement sera rendu
» sur les conclusions du ministère public. »

Le tribunal saisi de la demande examine si les intérêts de la femme exigent qu'elle intente le procès
qu'elle veut engager, et, d'après les circonstances, il
accorde ou refuse l'autorisation.

La femme est en droit d'interjeter appel de la décision du tribunal; et la procédure en appel doit être
faite dans la même forme qu'en première instance;
elle doit avoir lieu dans la chambre du conseil.

Quand la femme, après avoir figuré dans un procès
en première instance, veut interjeter appel : pour obtenir une autorisation nouvelle, elle doit s'adresser, non
point à la cour qui doit connaître de l'appel, mais au
tribunal de première instance du domicile de son mari.
Nulle part, en effet, la loi ne suppose que la femme,
sur le refus de son mari, puisse être autorisée à ester
en jugement par une cour d'appel. Il résulte, au contraire, du rapprochement des articles 861 et 863 du
Code de procédure civile, que cette autorisation doit
être donnée par un tribunal.

Du reste, les demandes de cette nature constituent
un véritable litige; le mari et la femme sont respecti-

vement admis à se pourvoir contre la décision à intervenir. Or, en portant directement devant la cour d'appel la demande d'autorisation, on prive le mari et la
femme du bénéfice des deux degrés de juridiction.

C'est également au tribunal du domicile du mari que
l'autorisation doit être demandée quand la femme,
malgré. le refus de son mari, veut se faire autoriser à
former un pourvoi en cassation.

Telles sont les formalités à remplir quand la femme
veut obtenir de justice l'autorisation d'ester en jugement que son mari lui refuse.

Quand le mari est absent ou incapable d'accorder
l'autorisation, la procédure est identique.

Article 863 du Code de procédure civile : « Dans le cas de
» l'absence présumée du mari, ou lorsqu'elle aura été décla-
» rée, la femme qui voudra se faire autoriser à la poursuite
» de ses droits présentera également requête au président du
» tribunal, qui ordonnera la communication au ministère pu-
» blic, et commettra un juge pour faire son rapport au jour
» indiqué. »

Si le mari est absent, la femme doit joindre à sa
requête soit le jugement qui déclare l'absence, soit le
jugement qui ordonne l'enquête, soit enfin, s'il n'y a
pas encore de jugement, un acte de notoriété.

Dans le cas d'interdiction du mari, la marche à suivre
sera la même; la femme devra joindre à sa requête le
jugement d'interdiction. Si le mari n'était pas encore
interdit, mais seulement pourvu d'un conseil judiciaire,

ou enfermé dans une maison d'aliénés, ou bien encore condamné à une peine afflictive ou infamante, la femme devra joindre à sa demande les documents constatant que son mari est incapable de l'autoriser.

Quand le mari est mineur, la femme produit l'acte constatant la minorité.

Mais, dans aucune des hypothèses précédentes, la femme n'est tenue d'adresser une sommation pour constater le refus de son mari ; cette constatation n'aurait pas sa raison d'être, le consentement ou le refus du mari sont, en pareil cas, sans valeur juridique.

La femme devra donc s'adresser directement au tribunal pour obtenir l'autorisation d'ester en jugement, quand son mari, pour une cause quelconque, sera incapable de l'autoriser.

II. Nous avons supposé jusqu'à présent la femme demanderesse ; voyons maintenant la procédure à suivre, la femme étant défenderesse.

Les articles 861 et suivants du Code de procédure civile seront-ils applicables? et le tiers poursuivant devra-t-il sommer le mari d'autoriser sa femme, et sur son refus, se pourvoir, par requête, devant le tribunal ou la chambre du conseil?

Ce serait certainement compliquer la procédure et entraver les affaires; d'autre part, les droits des tiers ne peuvent pas être ainsi paralysés sans un texte de loi formel. Or, les articles 861 et suivants se réfèrent

spécialement au cas où la femme veut exercer ses
droits en justice ; ils ne prévoient nullement le cas où
la femme est assignée ; la loi ne trace pas de règles à
cet égard.

Voici la marche qu'on suit dans la pratique : le tiers
demandeur, en assignant la femme, assigne également
le mari devant la même juridiction ; si le mari ne comparaît pas ou refuse d'autoriser, le demandeur conclut
à ce que l'autorisation soit accordée par le tribunal, et
le tribunal statue sur ces conclusions ; il peut le faire
avant toute procédure, il peut le faire en même temps
que sur le fonds. Ainsi, pas de débat préalable, pas de
procédure spéciale dont l'autorisation de la femme
serait l'objet.

Mais c'est au demandeur à faire en sorte que la
femme soit autorisée ; il ne lui suffirait pas d'assigner
la femme en la requérant de se faire autoriser, car si
la femme restait dans l'inaction, le jugement que son
adversaire obtiendrait ne pourrait pas être exécuté
contre elle, puisque, n'étant pas autorisée, elle n'aurait
pas valablement figuré dans l'instance.

II. *Comment l'autorisation de justice est-elle accordée
à la femme qui veut contracter?*

Le Code civil, dans l'article 219, détermine la forme
à suivre par la femme qui veut obtenir de justice l'autorisation de contracter.

Article 219 : « Si le mari refuse d'autoriser sa femme à

» passer un acte, la femme peut citer son mari directement
» devant le tribunal de première instance de l'arrondissement
» du domicile commun, qui peut donner ou refuser son auto-
» risation, après que le mari aura été entendu ou dûment
» appelé dans la chambre du conseil. »

Ainsi, les prescriptions du Code civil déterminent suffisamment la procédure à suivre ; la femme cite directement son mari devant le tribunal de première instance.

A cet égard, aucune difficulté ne pouvait s'élever avant la promulgation du Code de procédure civile.

L'article 219 du Code de procédure civile ne s'occupait de l'autorisation de justice que dans le cas où la femme voulait contracter ; et, d'autre part, l'article 218 se bornait à poser en principe que la femme qui voudrait ester en jugement devrait, en cas de refus de son mari, obtenir l'autorisation de justice.

Article 218 : « Si le mari refuse d'autoriser sa femme à
» ester en jugement, le juge peut donner l'autorisation. »

La procédure à suivre dans une pareille instance n'étant pas déterminée, le Code de procédure civile eut à combler cette lacune, et voici comment il y pourvut :

Article 861 : « La femme qui voudra se faire autoriser à la
» poursuite de ses droits, après avoir fait une sommation à
» son mari, et sur le refus par lui fait, présentera requête au
» président, qui rendra ordonnance portant permission de
» citer le mari à jour indiqué, à la chambre du conseil, pour
» déduire les causes de son refus. »

Cet article n'adopte pas la forme prescrite par l'article 219 du Code civil; il innove, en ce sens qu'au lieu de permettre à la femme de citer son mari directement devant le tribunal civil, il l'oblige à présenter une requête au président du tribunal, et, sur cette requête, le président rend une ordonnance permettant à la femme de citer son mari devant la chambre du conseil.

On s'est demandé si, par l'article 861, le législateur avait voulu modifier l'article 219 du Code civil, et tracer des règles générales applicables chaque fois que la femme demanderait l'autorisation de justice, soit pour contracter, soit pour ester en jugement, sans distinction; ou bien si l'article 861 n'avait été fait que pour compléter l'article 218 du Code civil, et pour tracer la procédure à suivre dans le cas spécial où la femme demanderait l'autorisation d'ester en jugement.

Bien que la question soit discutable, la solution n'est pas douteuse.

D'abord, le titre VII du livre Ier de la IIe partie du Code de procédure, sous cette rubrique : « *autorisation de la femme mariée,* » contient des règles générales applicables dans tous les cas où la femme veut obtenir l'autorisation de justice ; c'est incontesté pour les articles 863 et 864, et il n'y a pas de motif pour interpréter différemment l'article 861.

Ce caractère de généralité se trouve exprimé dans l'article 861, dans ces termes : « *la femme qui voudrait* » *se faire autoriser à la poursuite de ses droits;* » on

poursuit, en effet, ses droits tout aussi avantageuse-
ment au moyen d'un contrat qu'à l'aide d'un procès.

Et ce qui me confirme dans cette opinion, c'est que
l'article 861, en imposant à la femme la nécessité de
s'adresser au président du tribunal au lieu de citer son
mari directement, ne fait que développer le principe
de l'autorité maritale qui domine cette matière ; de
plus, cette procédure est essentiellement conciliatrice.

De la spécialité de l'autorisation.

Il est une règle générale applicable à l'autorisation
maritale comme à l'autorisation de justice, à l'autorisation pour contracter comme à l'autorisation pour
ester en jugement, c'est que l'autorisation doit être
spéciale ; en principe, l'autorisation générale est nulle
et de nul effet.

Ainsi donc, il ne suffirait pas que la femme fût
autorisée à faire un emprunt, à vendre ses immeubles ;
il est absolument indispensable que l'autorisation se
réfère à un acte déterminé, à tel emprunt, à telle
vente.

Par application de ce principe, quand la femme possède
certains immeubles, à Paris, par exemple, et d'autres
en province, l'autorisation de vendre les immeubles de
Paris serait nulle ; bien que spéciale à certains égards,
elle conserverait encore un caractère de généralité
excessif.

Il faut non seulement que l'immeuble à aliéner ou l'emprunt à contracter soit individuellement désigné, il faut encore que les conditions particulières de l'emprunt, de l'aliénation soient relatées dans l'autorisation.

Si la femme est autorisée à aliéner telle maison située à Paris, sans indiquer l'époque ni les circonstances de l'aliénation ; si, par exemple, la femme achète une maison, et, le mari concourant dans l'acte, il est spécifié que le mari autorise la femme à aliéner cette maison quand et comme bon lui semblera : cette autorisation ne sera-t-elle pas considérée comme trop générale pour être valable ? l'autorisation ne devra-t-elle pas indiquer l'époque et les circonstances de l'aliénation ?

On doit admettre cette solution ; pour la justifier, il faut se reporter aux motifs qui sont la base de l'autorisation nécessaire à la femme mariée.

Le premier, c'est le respect dû à la puissance maritale ; or, il est incontestable qu'autoriser la femme à aliéner un immeuble, même déterminé, mais sans indication de temps et de circonstances, c'est permettre à la femme de soustraire ses actes au contrôle de son mari ; une pareille autorisation constitue, non point l'exercice, mais l'abdication de la puissance maritale. En second lieu, la nécessité de l'autorisation est motivée par l'incapacité que la loi suppose à la femme mariée ; pour remédier à cette incapacité, le législateur a voulu que la femme qui aliénait, qui empruntait, qui s'enga-

geait, ne pût le faire qu'avec le contrôle de son mari.
Or, n'est-il pas évident que le but de la loi serait
manqué, si le mari pouvait donner à sa femme l'autorisation d'emprunter une somme déterminée, quand elle
voudrait et comme elle voudrait ; d'aliéner un immeuble, sans indiquer à quel moment, à quel propos.

Il faut donc décider que l'autorisation, pour être
spéciale, doit être donnée pour chaque acte particulier,
il ne suffit pas qu'elle désigne la nature de l'acte
autorisé.

Il est un seul cas où l'autorisation du mari peut être
donnée d'une manière générale ; c'est quand la femme
veut faire le commerce.

Article 4 du Code de commerce : « La femme ne peut être
» marchande publique sans le consentement de son mari. »
Article 220 du Code civil : « La femme, si elle est mar-
» chande publique, peut, sans l'autorisation de son mari,
» s'obliger pour ce qui concerne son négoce. »

Ainsi, contrairement au droit commun, l'autorisation
de faire le commerce est générale, puisqu'elle rend la
femme capable, non point de faire tel ou tel acte de
commerce, tel ou tel emprunt, telle ou telle aliénation,
mais une suite d'affaires dont il est impossible de se
rendre compte au moment de l'autorisation. La célérité
avec laquelle se traitent les affaires commerciales, et
la multiplicité de ces affaires ne permettent pas de
demander l'autorisation maritale pour chaque affaire.

Toutefois, bien que l'autorisation de faire le commerce soit générale de sa nature, elle est spéciale sous certains rapports; par exemple, la femme doit être autorisée à faire tel ou tel commerce; de plus, il y a certains actes commerciaux qui lui sont interdits. Ainsi, la femme autorisée à faire le commerce ne pourrait pas contracter une société sans une autorisation spéciale. Le mari qui a trouvé bon que sa femme entreprît seule un commerce, peut avoir des motifs sérieux et légitimes pour ne pas permettre qu'elle s'associe avec personne; et s'il n'est pas rigoureusement nécessaire que la femme soit autorisée par écrit pour contracter une société commerciale, faut-il, du moins, que le consentement du mari puisse être présumé par des circonstances dont les juges auront l'appréciation.

Le principe de la spécialité de l'autorisation maritale souffre encore une exception quant à l'administration des biens de la femme.

Article 223 : « Toute autorisation générale, même stipulée » par contrat de mariage, n'est valable que quant à l'adminis- » tration des biens de la femme. »

On conçoit encore cette exception, elle est motivée par les mêmes considérations que la précédente. L'administration d'un patrimoine se compose d'actes si multiples et quelquefois tellement urgents que, souvent, on ne pourrait sans péril attendre, pour faire chacun d'eux, l'autorisation maritale.

Je n'ai parlé jusqu'ici que de l'autorisation nécessaire pour contracter, mais le même principe de spécialité s'applique à l'autorisation nécessaire pour ester en jugement.

Ainsi, serait nulle l'autorisation qui permettrait à la femme de plaider sans désignation du litige ni de la partie adverse. Mais je crois que l'autorisation serait valable si, mentionnant la nature du procès et le point litigieux, elle ne désignait ni la partie adverse, ni le tribunal compétent.

Dans ce chapitre, nous nous étions proposé d'examiner trois points : 1° dans quel cas l'autorisation est-elle nécessaire à la femme mariée; 2° comment l'autorisation doit-elle être accordée; 3° à quel moment cette autorisation doit-elle être accordée? Nous avons examiné les deux premiers points; il nous reste à parler du troisième.

§ III.

A quel moment l'autorisation doit-elle être accordée?

Nous traiterons séparément de l'autorisation du mari et de l'autorisation de justice.

1° De l'autorisation du mari.

Quant à l'autorisation du mari, nous verrons d'abord les principes applicables à l'autorisation de contracter, puis ceux applicables à l'autorisation d'ester en jugement.

1. *De l'autorisation de contracter.*

L'autorisation du mari peut être donnée avant le contrat que la femme se propose de faire ; elle peut être donnée au moment même du contrat. Mais l'autorisation peut-elle encore être donnée quand le contrat est passé ?

Cette question est vivement débattue.

D'excellents auteurs soutiennent que l'autorisation maritale peut être valablement donnée même après l'acte passé. Quand la femme, disent-ils, s'engage sans avoir l'autorisation de son mari, l'acte qu'elle fait n'est pas essentiellement nul, il est seulement vicieux, imparfait, susceptible d'être annulé, mais aussi susceptible de produire des effets, car il est complétement valable, s'il n'est pas attaqué en nullité dans un certain délai.

Le vice dont cet acte est entaché n'est donc pas essentiel ; il est susceptible de disparaître.

On invoque ensuite les travaux préparatoires du Code. Un second alinéa de l'article 217 spécifiait que le consentement du mari, quoique postérieur à l'acte, suffisait pour le valider. Il est vrai que ce second alinéa fut abandonné lors de la rédaction définitive de l'article 217, mais, dit-on, cet abandon ne fut pas motivé par le rejet du principe qu'il contenait.

Enfin, pour établir que l'autorisation du mari peut être valablement donnée, même après l'acte passé, on fait l'argumentation suivante :

La femme mariée peut valablement contracter quand

le consentement du mari concourt avec le sien ; or, le consentement que le mari donne après l'acte concourt avec celui que la femme donne au moment de l'acte, la femme étant présumée persévérer dans le consentement qu'elle a donné tant qu'elle n'a pas manifesté d'opinion contraire, par exemple, en attaquant en nullité l'acte qu'elle a fait.

Cette argumentation n'est pas concluante. Quand la femme ne demande pas la nullité de l'acte qu'elle a fait sans l'autorisation de son mari, on ne saurait considérer le silence et l'inaction de la femme comme une persévérance dans le consentement qu'elle a donné au moment de l'acte. La femme peut rester dans l'inaction, soit parce qu'elle ne veut pas faire savoir à son mari qu'elle a contracté sans son autorisation, soit pour tout autre motif. La loi suppose que, pendant le mariage, la femme est incapable de manifester sa volonté avec une pleine et entière liberté, et c'est pour cela qu'elle suspend à son profit, tant que dure le mariage, l'action en nullité qu'elle lui confère.

On ne peut donc pas dire que le consentement du mari postérieur à l'acte concourt avec le consentement que la femme donne au moment de l'acte.

Quant à l'argument tiré des travaux préparatoires du Code, il n'est point décisif. Le second alinéa de l'article 217, qui déclarait l'autorisation du mari suffisante, quoique postérieure à l'acte, n'a pas été maintenu ; parce qu'il existait en projet, ce n'est pas une raison pour lui donner la même autorité que s'il avait été maintenu, alors surtout que le principe qu'il consacrait est en opposition avec le texte de la loi et les principes généraux sur la matière.

Enfin, ce système, qui permettrait au mari de donner son consentement après l'acte passé par sa femme, et de valider ainsi un acte qu'elle aurait fait sans son autorisation, ce système repose sur une confusion.

Quand une femme mariée fait un acte avec l'autorisation de son mari, la capacité de la femme est entière, complète ; l'acte est valable, personne ne peut l'attaquer, ni le mari, ni la femme, ni les tiers.

Quand, au contraire, une femme mariée fait un acte sans l'autorisation maritale dont elle avait besoin, l'acte est vicieux, il est annulable. Du moment où l'acte est passé, deux actions en nullité sont ouvertes : l'une appartient au mari, l'autre appartient à la femme.

Cette nullité, ce vice dont l'acte est entaché, peut être couvert par une ratification expresse ou tacite ; mais la ratification, pour être absolue dans ses effets, doit émaner du mari et de la femme, car chacun d'eux a une action en nullité distincte, soumise même à des règles différentes, sous certains rapports.

Supposons que, postérieurement à l'acte fait par la femme sans autorisation, le mari donne son consentement, nécessaire à la validité de l'acte : quelle est la nature, quel est le caractère de cette adhésion ? Évidemment, ce consentement du mari ne peut pas faire

que la femme ait eu, au moment du contrat, l'autorisation dont elle avait besoin ; il ne peut-pas faire que
le contrat passé par la femme n'ait été vicié au moment
où il a été fait.

Le consentement émané du mari ne peut avoir d'effet
qu'à son égard. La ratification de l'acte ne se produit
qu'à l'égard du mari, et non point à l'égard de la
femme, car la femme a une action en nullité distincte
et indépendante de celle de son mari, une action qui
lui appartient en propre, qui est son bien, qui est son
droit, et dont elle ne peut être dépouillée par le fait
d'autrui.

Si la nécessité de l'autorisation maritale était basée
uniquement sur la puissance maritale, peut-être alors
pourrait-on dire que le consentement du mari, donné
postérieurement à l'acte, produit un effet de ratification
absolu ; car, alors, les intérêts du mari pouvant seuls
être lésés par le défaut d'autorisation, il lui appartient
de décider si l'acte a eu pour lui quelque préjudice,
s'il lui convient de renoncer à l'action en nullité ou-
verte seulement à son profit.

Mais nous savons que le principe de l'autorisation
maritale n'est pas basé seulement sur l'intérêt du mari,
mais aussi sur l'intérêt de la femme. La loi suppose
que la femme a besoin de l'autorisation du mari pour
faire certains contrats ; et quand elle n'est pas autorisée par son mari à faire ces contrats, la loi les déclare
annulables, elle accorde une action en nullité au mari

11

et à la femme ; chaque action est distincte et indépendante ; par suite, quand le mari renonce à l'action en
nullité qui lui est propre, il ne peut abandonner que le
droit qui lui appartient, il ne peut pas disposer ainsi
du droit qui appartient à sa femme.

Ainsi donc, quand le mari donne son consentement
postérieurement au contrat fait par sa femme, ce consentement emporte ratification de l'acte ; mais cette
ratification n'est valable qu'à l'égard du mari ; l'action
en nullité qui appartient à la femme reste entière.

II. Quant à l'autorisation nécessaire à la femme
pour ester en jugement, il n'est pas besoin que la
femme l'obtienne de son mari avant le commencement
de l'instance ; il suffit que le mari l'accorde avant le
jugement définitif. L'obligation résultant du procès ne
se forme que par la prononciation du jugement.

Le tiers actionné par la femme mariée non autorisée
n'est pas tenu de suivre l'instance contre un adversaire incapable d'ester en jugement, et pour tout
moyen de défense, il peut se borner à opposer l'exception résultant du défaut d'autorisation.

Par application du même principe, quand la femme,
après avoir obtenu l'autorisation de plaider en première
instance, veut interjeter appel ou se pourvoir en
cassation, elle doit se faire autoriser avant de former
l'appel ou le pourvoi ; le défaut d'autorisation ne rend
pas nul l'appel ou le pourvoi, mais la juridiction saisie

de l'instance doit surseoir à statuer, fixer un délai pendant lequel la femme devra produire l'autorisation dont elle a besoin. Si, dans le délai fixé, la femme ne rapporte pas l'autorisation sans laquelle elle est incapable d'agir, le tiers défendeur peut faire rejeter sa demande, en lui opposant comme fin de non recevoir insurmontable le défaut d'autorisation.

Quand la femme est défenderesse, le demandeur en appel ou en cassation doit mettre en cause le mari, ou requérir l'autorisation de justice dans le délai de l'appel ou du pourvoi en cassation, sinon l'acte d'appel ou le pourvoi serait nul; la femme, en effet, doit être appelée en justice de manière à pouvoir s'y défendre valablement.

2° De l'autorisation de justice.

Nous venons de voir à quel moment l'autorisation du mari peut et doit être donnée; il nous reste à rechercher à quel moment l'autorisation de justice doit être donnée, quand la femme veut contracter ou ester en jugement.

I. Quand la femme doit obtenir, pour contracter, l'autorisation de justice, soit parce que son mari lui refuse l'autorisation dont elle a besoin, soit parce que son mari est absent, interdit ou incapable, l'autorisation de justice doit-elle être, comme celle du mari, antérieure ou au moins concomitante à l'acte auquel elle s'applique?

Il faut, je crois, appliquer à l'autorisation judiciaire les mêmes principes qu'à l'autorisation maritale, et décider que la femme doit être autorisée, soit avant, soit au moment où l'acte est passé.

Cette solution nous permettra de résoudre la question suivante :

Pendant le mariage, une femme contracte sans l'autorisation de son mari; pourra-t-elle ratifier cet acte, et couvrir la nullité dont il est entaché, en obtenant l'autorisation de justice? Deux cas peuvent se présenter:

Si la femme demande l'autorisation de justice, par suite du refus de son mari, cette ratification pourra bien être valable à l'égard de la femme, mais non pas à l'égard du mari.

Quand la femme contracte sans autorisation, l'acte qu'elle fait ainsi est frappé d'une double nullité : l'une au profit du mari, l'autre au profit de la femme; et la femme qui ratifie l'acte vicié par le défaut d'autorisation, ne peut porter atteinte à l'action en nullité qui appartient à son mari.

Dans le cas où la femme qui a contracté sans autorisation devait obtenir le consentement de justice, parce que son mari était, soit absent, soit interdit, la ratification faite avec le secours de justice fera dispa·raître, à l'égard de tous, le vice dont il était entaché.

On comprend, dans ce cas, l'effet général de la ratification. Le contrôle réservé au mari appartenait à justice, le mari étant dans l'impossibilité de l'exercer;

dès lors, si la femme obtient après coup l'autorisation de justice, la ratification émane ainsi de toutes les parties qui pouvaient exciper de la nullité.

II. Quand l'autorisation d'ester en jugement est accordée par justice, elle doit l'être, soit au début, soit dans le cours de l'instance, soit enfin par le jugement, qui statue sur le fond de la demande.

Nous savons maintenant dans quels cas l'autorisation maritale est nécessaire; par qui et comment et à quelle époque elle doit être donnée; il nous reste à voir quels sont les effets de l'autorisation et du défaut d'autorisation.

CHAPITRE III.

DES EFFETS DE L'AUTORISATION ET DU DÉFAUT D'AUTORISATION.

La division de notre sujet est suffisamment indiquée par le titre; nous examinerons donc : 1° les effets de l'autorisation ; 2° les effets du défaut d'autorisation.

§ Ier.
Effets de l'autorisation.

Les effets de l'autorisation de la femme mariée doivent être envisagés sous deux rapports : 1° quant à la femme; 2° quant au mari.

1° Effets de l'autorisation à l'égard de la femme.

L'effet général et caractéristique de l'autorisation accordée, soit par le mari, soit par justice, c'est de rendre la femme aussi capable que si elle n'était pas mariée.

Une première conséquence de ce principe, c'est que les actes faits par la femme dûment autorisée ne peuvent pas être attaqués pour cause d'incapacité ; mais, sous tous les autres rapports, ces actes restent soumis aux règles générales sur la rescision des contrats.

En second lieu, si l'acte fait par la femme est contraire à ses intérêts, elle ne peut pas en demander la nullité sous prétexte que son mari ou la justice l'ont autorisée négligemment et sans prendre connaissance de l'acte qu'elle se proposait de faire ; d'autre part, si l'acte fait par la femme lui est désavantageux, elle n'a pas de recours contre son mari ou contre justice, dans le cas où la négligence du mari ou de justice serait constante.

Il est de principe que l'autorisation de faire un acte rend la femme capable de faire tous les actes qui sont la conséquence nécessaire ou naturelle du premier.

Ce principe reçoit une importante application dans le cas où la femme est autorisée à faire le commerce. L'article 220 du Code civil et les articles 5 et 7 du Code de commerce règlent cette matière.

Article 220 : « La femme, si elle est marchande publique,
» peut, sans l'autorisation de son mari, s'obliger pour tout ce
» qui concerne son négoce. »

Code de commerce. Article 5 : « La femme, si elle est mar-
» chande publique, peut, sans l'autorisation de son mari,
» s'obliger pour ce qui concerne son négoce. »

Article 7 : « Les femmes marchandes publiques peuvent
» également engager, hypothéquer et aliéner leurs immeu-
» bles. Toutefois, les biens stipulés dotaux, quand elles sont
» mariées sous le régime dotal, ne peuvent être hypothéqués
» et aliénés que dans les cas déterminés et avec les formes
» réglées par le Code civil. »

Ainsi, la capacité de la femme autorisée à faire le
commerce est générale ; elle s'étend à tous les actes
qui rentrent dans l'exercice de son commerce ; elle
peut faire des ventes et achats de marchandises, louer
des magasins, engager des employés, souscrire ou
endosser des effets de commerce.

Il faut même décider que la femme a capacité suffisante pour acheter un ou plusieurs immeubles, si cette
acquisition est nécessaire à son commerce ; comme,
par exemple, l'achat d'un magasin ou d'une usine.
Elle peut, non-seulement acheter, mais encore figurer
sans autorisation nouvelle dans des contrats qui n'ont
rien de commercial par leur nature ; ainsi, elle peut
seule hypothéquer ses biens pour la nécessité de son
commerce ; car la loi ne lui permet pas seulement de
faire des actes de commerce, elle l'habilite encore à
faire ce qui concerne son négoce, expression dont
le sens est très large et très étendu, et peut com-

prendre des achats d'immeubles, des constructions, etc.

Toutefois, les pouvoirs de la femme commerçante ont des limites; ainsi, par exemple, elle ne peut aliéner ses biens dotaux pour les besoins de son commerce; elle ne peut le faire que dans les cas prévus, et selon les formalités prescrites dans le Code civil.

Maintenant, quelle sera la portée, quelle sera l'étendue de l'autorisation maritale ou de justice?

Les principes que nous avons exposés dans les chapitres précédents nous permettront d'envisager rapidement les questions qui vont se présenter.

Nous savons d'abord que l'autorisation doit être spéciale; quand le mari, par contrat de mariage ou pendant le mariage, donne à sa femme l'autorisation de plaider, d'emprunter, d'aliéner ses meubles ou ses immeubles, l'autorisation est nulle; l'autorisation doit se rapporter spécialement à l'acte que la femme se propose de faire. S'il s'élève quelque difficulté lorsqu'il s'agit d'apprécier si l'acte fait par la femme est le même que celui qu'énonce l'autorisation, on a recours aux règles générales sur l'interprétation des termes obscurs.

Un premier point incontestable, c'est que la femme, autorisée à vendre, ne peut pas faire une donation déguisée sous forme de vente; autorisée à aliéner à titre onéreux, elle ne peut pas aliéner à titre gratuit; autorisée à plaider, elle ne peut pas transiger, acquiescer ou se désister; elle ne peut même pas accepter ou déférer le serment décisoire, parce que le serment accepté ou déféré n'est autre chose qu'un acquiescement conditionnel. Mais la Cour de cassation décide, avec raison, que la femme autorisée à plaider peut valablement faire un aveu.

Nous avons vu que l'autorisation de plaider ne donnait pas à la femme le droit de suivre le procès en appel ou de se pourvoir en cassation.

De même, la femme autorisée à faire le commerce ne pourrait pas contracter une société commerciale sans une autorisation spéciale.

Les actes faits par la femme commerçante, sans autorisation spéciale, et qui ne se rattachent pas à son commerce, sont frappés d'une nullité relative.

A ce sujet, se présente une question très délicate et très controversée, celle de savoir quels sont les actes de la femme qui se rapportent à son commerce.

Les tiers, créanciers de la femme, seront-ils obligés de prouver que les actes qu'ils invoquent sont relatifs au commerce de la femme mariée, leur débitrice, sous peine de voir déclarer leur créance annulable ; ou bien la femme qui voudra se soustraire à l'exécution de ses obligations devra-t-elle prouver que cette obligation est étrangère à son négoce ?

Il est un premier principe qui domine la question.

La règle générale, c'est que la femme est incapable de contracter sans l'autorisation de son mari ou de justice ; ce n'est que par exception que la femme mar-

chande peut contracter seule, mais cette exception doit
être prise dans un sens large et étendu.

Quand donc un tiers invoque une obligation souscrite
par une femme mariée non autorisée, s'il prétend que
cette obligation n'est pas annulable parce qu'elle se
rapporte au négoce de la femme, c'est à lui de prouver
cette assertion ; il veut bénéficier d'un texte de loi
exceptionnel, il doit prouver qu'il se trouve dans ce
cas d'exception.

Maintenant, on admettra facilement les preuves et
les présomptions. D'abord, on appliquera l'article 638,
d'après lequel les billets souscrits par un commerçant
sont sensés faits pour son commerce. Quant aux autres
opérations, ventes ou achats de marchandises, ventes,
achats ou réparations d'immeubles, les tribunaux apprécieront si des actes de cette nature se rapportent au
commerce de la femme, ils apprécieront suivant les
circonstances ; la bonne foi des tiers sera prise en considération. Si, par exemple, en vendant un immeuble,
la femme déclare que les deniers qu'elle se procure
ainsi sont indispensables à son commerce, il y aura
forte présomption en faveur de l'acheteur de bonne foi.
La femme commerçante eût été le plus souvent dans
l'impossibilité de se procurer l'argent nécessaire à son
commerce, si les tiers, prêteurs ou acheteurs de ses
immeubles, n'avaient pu contracter avec elle une obligation valable qu'à la condition de surveiller l'emploi
des fonds, ou de s'assurer que l'argent qu'ils livraient

à la femme par suite d'achat ou de prêt, devait servir à son commerce.

Toutefois, il ne faut pas se dissimuler que cette matière peut offrir des difficultés, dont la solution sera fort délicate.

L'autorisation de faire le commerce, générale quant aux actes, peut être spéciale quant à la profession, quant à l'industrie, et alors la femme ne devient capable que dans les limites de l'autorisation. Il est incontestable, par exemple, que la femme autorisée à faire le commerce de la lingerie ne pourra pas, en vertu de cette autorisation, faire le commerce des grains et farines ou la banque. Dès lors, les actes qu'elle fera sans autorisation ne seront valables qu'autant qu'ils se rapporteront au commerce spécial pour lequel elle est autorisée. Les emprunts qu'elle aura contractés, les effets de commerce souscrits, les achats ou ventes de marchandises seront valables ou annulables selon qu'ils se rapporteront au commerce spécial pour lequel elle est autorisée.

Du reste, la femme autorisée à faire le commerce d'une manière générale peut faire des actes de commerce quelconques; la loi n'apporte à cet égard aucune restriction, et la bonne foi, comme aussi la sécurité du commerce, exigent cette solution. C'est au mari à juger ce dont sa femme est capable et à lui délivrer une autorisation dans la limite de sa capacité.

Tels sont les effets de l'autorisation du mari ou de

justice à l'égard de la femme. La femme dûment autorisée devient aussi capable que si elle n'était pas mariée;
les actes qu'elle fait ainsi sont valables *ergà omnes,* ou
du moins ne peuvent être attaqués pour cause d'incapacité de la femme.

2° Effets de l'autorisation à l'égard du mari.

Occupons-nous maintenant des effets de l'autorisation à l'égard du mari.

Avant tout, il est indispensable de distinguer deux
cas : celui où l'autorisation a été donnée par le mari
lui-même et celui où elle a été donnée par justice.

Voyons d'abord le premier cas.

I. C'est le mari qui a autorisé la femme à contracter
ou à ester en jugement.

En principe, le mari, en autorisant sa femme, ne
contracte aucune obligation personnelle. En autorisant
sa femme, il exerce un contrôle qui est la conséquence
de la puissance maritale ; il fait disparaître l'incapacité
dont la loi frappe la femme mariée. Mais, en agissant
ainsi, le mari n'est point partie dans le contrat passé
par sa femme, ni dans l'instance où elle figure, alors
même qu'il y interviendrait pour l'autoriser.

En un mot, l'autorisation n'oblige pas le mari qui la
donne.

Toutefois, il existe entre la femme et le mari une

telle communauté d'intérêts, qu'il peut arriver que le mari supporte la conséquence des actes faits par la femme avec son autorisation. Cela dépend du régime sous lequel les époux sont mariés.

1° Dans le cas de séparation de biens, la femme conserve la propriété et l'administration de son patrimoine ; et lorsque, dans ces conditions, le mari autorise sa femme à contracter, il ne souffre pas de l'exécution des obligations qu'elle contracte, leur exécution ne pouvant être poursuivie que sur les biens personnels de la femme.

2° Sous le régime dotal, il faut distinguer : si la femme n'a pas de biens paraphernaux ; comme elle ne peut pas s'obliger sur ses biens dotaux, même avec l'autorisation de son mari, il n'y a pas lieu d'examiner quels peuvent être, en pareil cas, les effets de l'autorisation maritale.

Si la femme a des biens paraphernaux, comme elle en conserve pendant le mariage l'administration et la jouissance, elle peut s'obliger sur ces biens avec l'autorisation de son mari ; mais alors, le mari qui l'autorise ne s'oblige pas personnellement ; il en est dans ce cas comme dans celui de la séparation de biens.

3° C'est seulement lorsque les époux sont mariés sous le régime de la communauté que la loi rend le mari personnellement responsable des engagements que la femme a contractés avec son autorisation.

En pareil cas, il se présente des questions dont la

solution est fort délicate. Nous avons posé, en principe, que le mari, en autorisant sa femme à contracter ou à ester en jugement, ne s'obligeait pas personnellement.

Cette règle souffre des exceptions consacrées par les articles 1409 et 1419 du Code civil.

Article 1409 : « La communauté se compose passivement : » des dettes contractées pendant la communauté par la femme » du consentement du mari, sauf le cas de récompense dans » le cas où elle a lieu. »

Article 1419 : « Les créanciers peuvent poursuivre le paie- » ment des dettes que la femme a contractées avec le consen- » tement du mari, tant sur les biens de la communauté que » sur ceux du mari, sauf la récompense due à la communauté, » ou l'indemnité due à la femme. »

Ces dérogations à la règle générale que la loi consacre au préjudice du mari, sous le régime de la communauté, sont faciles à justifier. Il était à craindre que le mari, abusant de son influence, ne déterminât sa femme à s'engager, sans s'obliger lui-même, pour des affaires qui l'intéressaient personnellement. En effet, sous le régime de la communauté, les bénéfices sont communs ; de plus, ils sont à la disposition du mari, qui peut les dépenser comme il l'entend. Le mari est donc, le plus souvent, intéressé dans les engagements contractés par sa femme, qu'il autorise. Sous ce régime, c'est par exception que la femme est exclusivement intéressée dans les engagements qu'elle contracte ; et dans l'intérêt de la sécurité des conventions, on ne devait pas

astreindre les tiers à rechercher l'objet de l'engagement de la femme et l'intention du mari.

C'est par ces considérations que la loi suppose un
intérêt commun à l'obligation contractée par la femme
autorisée de son mari ; mais cette présomption n'est de
droit qu'à l'égard des tiers, le mari peut prouver que
l'affaire intéresse exclusivement la femme qui, dans ce
cas, doit indemniser la communauté.

Il est cependant deux cas où, même sous le régime
de la communauté, l'autorisation du mari n'a pas pour
effet de l'obliger aux dettes contractées par la femme :

1° Quand la femme accepte, avec le consentement du
mari, une succession purement immobilière, les créanciers de cette succession n'ont pas d'action sur les biens
propres du mari, ni sur les biens de la communauté.
Ils peuvent seulement atteindre les revenus des propres
de la femme, revenus qui seraient insaisissables si la
femme n'avait accepté qu'avec l'autorisation de justice.

2° Quand la femme vend un de ses propres avec le
consentement de son mari, le mari n'est pas personnellement soumis à l'action en garantie envers l'acheteur,
à moins qu'il n'ait garanti la vente faite par sa femme.

Ces deux exceptions se concilient parfaitement avec
le principe qui rend le mari responsable des actes de sa
femme qu'il autorise, sous le régime de la communauté.

La loi présume qu'en général, sous ce régime, le
mari a un intérêt personnel ou commun dans les actes
de la femme ; mais il est manifeste que le mari n'a pas

d'intérêt à l'acceptation d'une succession purement immobilière ou à la vente d'un propre de la femme. Du
reste, les tiers, dans ces sortes d'actes, ne peuvent pas
se méprendre sur le but de l'intervention du mari.

Il faudrait même décider, par application de l'article
1419, que, si la femme était condamnée aux frais d'un
procès relatif à un propre, ces frais pourraient être
poursuivis contre la communauté et le mari, si le procès
était intenté ou soutenu avec l'autorisation du mari.

II. *Effets, à l'égard du mari, de l'autorisation de justice.*
L'autorisation de justice n'a pas, à l'égard du mari,
des effets aussi étendus que celle qu'il donne lui-même.

En règle générale, l'autorisation de justice ne préju-
dicie pas au mari. Ainsi, les obligations que la femme
a contractées, les condamnations qu'elle a subies à la
suite de l'autorisation de justice, ne peuvent recevoir
leur exécution ni sur les biens du mari, ni sur les biens
de la communauté. Cette exécution ne peut même pas
être poursuivie sur les biens de la femme, que sous la
réserve de la jouissance qui appartient au mari, lorsque
cette jouissance lui a été attribuée par le contrat de
mariage.

Il est deux cas seulement où la communauté est
obligée, par suite des dettes contractées par la femme
avec l'autorisation de justice, à savoir : quand les dettes
ont été contractées pour tirer le mari de prison, ou
pour l'établissement d'enfants communs.

En outre, quand la communauté profite des engagements contractés par la femme avec l'autorisation de
justice, elle peut être poursuivie jusqu'à concurrence
du profit qu'elle en a retiré.

Quand le mari accorde l'autorisation dont sa femme
a besoin, il se décide d'après les circonstances du moment ; mais la situation peut changer, et il est possible
que le mari juge à propos de retirer l'autorisation qu'il
avait précédemment accordée. Peut-il le faire? Et, s'il
le peut, quelles seront les conséquences de ce re-
trait?

Le mari, maître d'autoriser sa femme ou de ne pas
l'autoriser, est également maître de retirer l'autorisation qu'il a précédemment accordée.

Et il peut agir ainsi, quelle que soit la nature de
l'autorisation dont il s'agisse : autorisation de plaider,
de contracter, de faire le commerce. Mais la femme
peut alors se pourvoir en justice pour obtenir une autorisation qui paralyse la révocation de l'autorisation
maritale.

Il est un seul cas où l'autorisation maritale n'est
point révocable ; c'est quand elle résulte des stipulations
du contrat de mariage. Il est de principe que les conventions matrimoniales sont irrévocables, du moins en
tant qu'elles constituent le régime auquel les époux se
sont soumis.

Quant à l'autorisation de justice, le mari ne pourrait

point la révoquer, cette autorisation n'émanant pas de lui, mais il pourrait agir en justice pour la faire révoquer judiciairement.

Toute révocation d'autorisation ne produit d'effet que dans l'avenir; elle n'est opposable aux tiers qu'à partir du moment où ils ont pu la connaître. La loi n'a pas déterminé les moyens propres à porter la révocation de l'autorisation à la connaissance des tiers, la question se résout d'après les circonstances.

En résumé, l'autorisation de justice rend la femme capable de s'obliger valablement, mais sans préjudicier aux droits que le mari peut avoir sur les biens de la femme, en vertu du contrat de mariage.

§ II.

Effets du défaut d'autorisation.

L'acte émané d'une femme non autorisée n'est pas radicalement nul; il est seulement annulable. De là cette double conséquence : la nullité dont est entaché l'acte fait par une femme mariée non autorisée, est susceptible de ratification; cette nullité est relative, c'est-à-dire elle ne peut être demandée que par certaines personnes et pendant un certain temps.

Nous rechercherons successivement par qui la nullité peut être demandée, et dans quel délai l'action peut être formée.

1. *Par qui la nullité peut être demandée.*

Article 225 : « La nullité, fondée sur le défaut d'autorisa-
» tion, ne peut être opposée que par la femme, par le mari
» ou par leurs héritiers. »

Article 1125 : « .... Les personnes capables de s'engager ne
» peuvent opposer l'incapacité du mineur, de l'interdit ou de
» la femme mariée avec qui ils ont contracté. »

La nullité, d'après l'article 225, peut être invoquée :

1° *Par la femme,* parce qu'elle n'a pas eu la protection dont la loi suppose qu'elle a besoin. Elle peut
demander la nullité dans tous les cas, alors même
qu'elle aurait trompé les tiers avec lesquels elle a contracté; par exemple, en prenant dans le contrat la
qualité de fille ou de veuve, ou bien en se disant fauss-
ement mandataire de son mari ou dûment autorisée
par lui.

Les tiers ont eu le tort de ne pas s'assurer de la
capacité de la femme avec laquelle ils contractaient;
ils ne devaient pas se contenter d'une simple allégation,
car autrement les incapacités légales seraient illusoires,
rien ne serait plus facile que de les éluder.

Mais si la femme mariée emploie des manœuvres
frauduleuses pour induire le tiers en erreur, si elle
prend un faux nom, si elle produit un acte faux, fau-
dra-t-il décider que le défaut d'autorisation pourra,
même dans ce cas, produire ses effets ordinaires?

Dans le sens de la négative, on dit que le dol de la

12.

femme élève contre elle une fin de non-recevoir ; mais cette fin de non-recevoir serait exclusivement opposable à la femme.

Cette opinion ne me paraît point admissible.

Tout acte fait par la femme non autorisée est annulable, à son égard ; la loi ne distingue pas si l'acte est le résultat du dol, de la fraude ou de l'erreur ; si la femme a commis quelque faute délictueuse, elle doit réparer le dommage causé ; mais on ne saurait créer arbitrairement une compensation qui aboutirait à déclarer valable, à l'égard de la femme, un acte que la loi déclare annulable.

La question devient très délicate à résoudre quand les tiers ont traité avec une femme mariée qui n'était connue que comme fille ou veuve, ou avec une femme mariée dont le mari avait disparu depuis de longues années, à la suite d'un accident, d'un naufrage, par exemple.

Dans les divers cas analogues, il faudra décider selon les circonstances ; on appliquera la règle *error communis facit jus ;* mais on ne l'appliquera qu'avec un extrême discernement.

Je n'ai pas besoin de dire que si le mariage n'était resté secret que par la faute des époux, les actes faits par la femme sans autorisation seraient valables ; par exemple, dans le cas où les époux mariés à l'étranger n'auraient pas rendu leur mariage public en France.

Supposons maintenant que la femme veuille demander

la nullité d'un acte qu'elle prétend avoir fait sans autorisation ; devra-t-elle prouver sa qualité de femme mariée pour rejeter sur le tiers avec lequel elle a contracté la charge de prouver l'existence de l'autorisation ?

Et, dans le cas analogue, le mari, demandeur en nullité, devra-t-il prouver que sa femme a contracté sans autorisation, ou bien le tiers sera-t-il tenu de prouver l'autorisation ?

On doit admettre que le tiers qui a contracté avec une femme mariée est obligé de rapporter la preuve que la femme a été dûment autorisée. Il est de principe, en effet, que la femme mariée est incapable de contracter sans l'autorisation de son mari ou de justice ; ce n'est que par exception qu'elle est capable ; c'est donc au tiers, qui invoque une situation exceptionnelle, à la justifier.

2° En second lieu, les actes faits par la femme mariée non autorisée peuvent être attaqués *par le mari*.

Certains prétendent que le droit du mari n'est pas aussi étendu que celui de la femme ; il ne peut avoir pour base, disent-ils, qu'un intérêt certain ; dès lors, le mari ne peut pas le faire valoir en toute circonstance. Une distinction est nécessaire :

Pendant le mariage, le mari peut invoquer la nullité des actes faits par sa femme sans autorisation, alors même qu'aucun intérêt pécuniaire ne serait compromis ;

l'autorité maritale a été méconnue, et cela suffit pour motiver l'action du mari; il ne faut pas que l'impunité puisse porter la femme et les tiers à violer la puissance maritale; il y a là un intérêt social, un intérêt domestique à faire respecter.

Mais quand le mariage n'existe plus, le mari n'a plus d'autorité maritale à faire respecter; il faut donc, dit-on, qu'il ait un intérêt pécuniaire dans les actes que la femme a faits sans son autorisation, pour qu'il puisse en demander la nullité.

Cette opinion me paraît erronée; elle est en contradiction avec l'article 225, qui ne met pas de différence entre l'action en nullité qui appartient à la femme et celle qui appartient au mari. Et que l'on ne dise pas que l'intérêt est la limite des actions, et qu'on violerait ce principe en accordant au mari, après la dissolution du mariage, une action en nullité contre les actes que la femme a faits sans autorisation; il est facile de répondre que le respect de la puissance maritale est d'ordre public et domestique; du moment qu'on y porte atteinte, il y a un intérêt public, un intérêt social atteint, lésé.

Du reste, le mari qui s'en plaint, alors même qu'il n'en souffre que moralement, doit être autorisé à poursuivre la nullité de ses actes dans tous les cas, non-seulement contre sa femme, aussi contre les tiers, ses complices le plus souvent.

3° Après avoir dit que l'action en nullité peut être

intentée : 1° par la femme; 2° par le mari, la loi ajoute :
« et *par leurs héritiers.* »

Point de difficulté quant aux héritiers de la femme ;
c'est pour la protéger dans ses droits pécuniaires
qu'elle est investie d'une action en nullité ; or, les
droits de cette nature et les actions qui les protégent
sont essentiellement héréditaires ; les héritiers de la
femme trouvent cette action, comme toute autre, dans
la sucession de leur auteur.

Mais quant aux héritiers du mari, il est difficile de
comprendre dans quel intérêt ils pourraient exercer
l'action que la loi leur attribue ; ils n'ont, en effet,
aucun intérêt moral à invoquer ; ils n'ont pas à faire
respecter l'autorité maritale méprisée ; ils ne peuvent
faire valoir que des intérêts pécuniaires ; or, il est
difficile de trouver un cas où les héritiers du mari aient
intérêt à critiquer les actes faits par la femme non
autorisée.

Quant aux créanciers de la femme, on a vivement
discuté la question de savoir s'ils pouvaient demander
la nullité des engagements contractés par la femme
mariée, leur débitrice.

Certains auteurs leur refusent ce droit, sous prétexte que l'article 225 l'attribue seulement au mari, à
la femme et à leurs héritiers ; en second lieu, parce
que ce droit est personnel.

Ce dernier argument n'est pas fondé ; le droit qu'a
la femme d'attaquer les actes qu'elle a faits sans auto-

risation n'est point un droit personnel, c'est un droit
commun transmissible à ses héritiers avec ses autres
biens; et, d'autre part, il est de règle générale que les
créanciers exercent tous les droits de leurs débiteurs,
il n'est pas besoin que l'article 225 leur crée un droit
spécial à cet égard.

Nous avons dit précédemment que les tiers ne
pouvaient pas invoquer la nullité résultant du défaut
d'autorisation. Celui qui a contracté avec une femme
mariée non autorisée doit subir le contrat qu'il a fait
imprudemment. Toutefois, il ne faudrait pas attribuer
à ce principe des conséquences excessives. Ainsi, par
exemple, quand une femme vend un de ses immeubles
sans autorisation, elle fait une vente nulle; et si le
mari n'en demande pas la nullité, la femme peut n'agir
qu'après la dissolution du mariage. Dans cette situation, la femme a livré ou veut livrer l'immeuble vendu,
mais elle exige le paiement du prix; l'acheteur est-il
obligé de payer, bien que l'immeuble qu'on lui livre
ne lui soit pas définitivement acquis, la vente étant
annulable?

Il faut admettre ici l'application de l'article 1653 du
Code civil; le tiers acquéreur qui a juste sujet de
craindre d'être troublé, peut suspendre le paiement du
prix jusqu'à ce que le vendeur ait fait cesser la cause
du trouble, si mieux n'aime celui-ci donner caution.

Il est bien entendu que les tiers qui n'ont pas
contracté avec la femme ne peuvent pas attaquer le

contrat qu'elle a fait sans autorisation ; de même les tiers qui n'ont pas figuré dans l'instance où la femme était engagée sans autorisation n'ont pas d'action contre le jugement.

●

II. *Dans quel délai l'action en nullité doit être proposée.*

Le contrat passé par la femme mariée non autorisée n'est qu'annulable ; il est imparfait, mais il existe ; la loi le reconnaît et lui attribue provisoirement les mêmes effets qu'à un contrat valable et régulier. Celle des parties qui a la faculté de l'attaquer peut en faire prononcer la nullité ou le ratifier.

1° *Quant au mari.*

En premier lieu, nous avons vu que le mari peut ratifier l'acte annulable passé par sa femme non autorisée, et cette ratification ne porte aucune atteinte à l'action en nullité qui appartient à la femme.

D'autre part, nous avons vu que le mari peut demander la nullité de l'acte passé par sa femme non autorisée ; il peut demander cette nullité, soit pendant le mariage, soit après la dissolution du mariage.

Cette action en nullité se prescrit par dix ans, en application de l'article 1304 du Code civil.

Article 1304 : « Dans tous les cas où l'action en nullité ou » en rescision d'une convention n'est pas limitée à un moin- » dre temps par une loi particulière, cette action dure dix » ans. »

Il s'agit maintenant de savoir quel est le point de départ des dix ans.

On admet généralement que les dix ans ne commencent à courir que du jour où la partie, dans l'intérêt de laquelle le contrat est annulable, a pu librement en demander la nullité.

Par suite, en ce qui concerne le mari, l'action en nullité qu'il a contre les actes faits par sa femme non autorisée court, non pas à partir de la dissolution du mariage, mais à partir du jour où il a eu connaissance de l'acte annulable.

La prescription doit courir contre toute personne libre d'agir : or, le mari est aussi libre d'agir pendant le mariage qu'après sa dissolution ; la prescription doit donc courir, quant à lui, du jour où il a connu, soit le contrat fait par sa femme, soit l'instance dans laquelle elle a figuré. Si le mari laisse passer dix ans, à partir de ce moment, son silence est une ratification tacite qui éteint, quant à lui, l'action en nullité.

Cette ratification tacite de la part du mari ne fait pas perdre à la femme l'action qu'elle tient de la loi; en effet :

1° Il est de principe que nul ne peut être dépouillé de son droit sans son consentement ;

2° Si la ratification tacite qui résulte du silence que le mari garde pendant dix ans, à compter du jour où il a connu le contrat, si cette ratification tacite était opposable à la femme, celle-ci n'aurait, en réalité, pour exercer son action en nullité, que dix ans à partir du jour où le mari a eu connaissance de la faute qu'elle a commise ; la prescription courrait contre elle pendant le marige : or, la loi est formelle, la prescription ne court contre elle qu'à partir de la dissolution du mariage.

2° *Durée de l'action en nullité quant à la femme.*

A l'égard de l'action en nullité qui appartient aux femmes mariées contre les actes qu'elles ont faits sans l'autorisation de leur mari, le délai de dix ans ne commence à courir que du jour de la dissolution du mariage.

Article 1304 : « ..... Pour les actes passés par les femmes » mariées non autorisées, la prescription de l'action en nul-» lité ne court que du jour de la dissolution du mariage. »

Mais la femme pourra, pendant le mariage, intenter l'action en nullité qui lui appartient, pourvu toutefois qu'elle obtienne, de son mari ou de justice, l'autorisation de former cette demande.

3° *Quant aux héritiers* de ceux à qui appartenait l'action en nullité, il y a une distinction à faire relativement au point de départ du délai de dix ans.

Si ce délai a commencé à courir contre leur auteur, il courra contre eux ; si le délai n'a pas encore commencé à courir, il sera le même contre eux que contre leur auteur.

Des effets de la nullité.

En général, lorsqu'une action en nullité ou en rescision est intentée en temps utile, si la convention qui
fait l'objet de l'action est annulée, les choses sont re-
mises dans l'état où elles étaient avant l'acte annulé ;
aussi cette action est-elle comptée parmi les modes
d'extinction des obligations ; mais il est à remarquer
que l'action ne suffit pas pour opérer cette extinction,
il faut qu'il y ait annulation prononcée par jugement.

En principe, avons-nous dit, l'annulation remet les
choses dans l'état où elles étaient avant le contrat ;
néanmoins, il y a exception à l'égard des contrats faits
par les femmes mariées non autorisées.

Article 1312 : « Lorsque les femmes mariées sont admises
» en ces qualités à se faire restituer contre leurs engagements,
» le remboursement de ce qui aurait été, en conséquence de
» ces engagements, payé pendant le mariage, ne peut être
» exigé, à moins qu'il ne soit prouvé que ce qui a été payé a
» tourné à leur profit. »

Et pour apprécier si la femme mariée a tiré profit
de ce qu'elle a reçu, il faudra se reporter au moment
où l'action a été intentée.

POSITIONS

———

J. La *filia familias* était aussi capable de s'obliger que le *filius familias*.

II. La *manus* produisait des effets quant aux biens de la femme et quant à sa personne.

III. Le sénatus-consulte Velléien a été motivé par des considérations politiques et sociales ; — l'idée de protéger la femme n'étant que secondaire et accessoire.

IV. Il n'y a pas *restitutio in integrum* proprement dite dans l'action restitutoire accordée au créancier par le préteur.

V. La femme ne pouvait pas, en intercédant, renoncer au sénatus-consulte Velléien.

VI. L'exception du sénatus-consulte Velléien faisait disparaître à la fois l'obligation civile et l'obligation naturelle.

—

DROIT FRANÇAIS.

I. Quand la femme abandonne le domicile conjugal, le mari ne peut pas employer la force publique pour la contraindre à y revenir.

II. La femme a besoin d'être autorisée pour demander l'interdiction de son mari.

III. La femme ne peut pas, sans autorisation de son mari ou de justice, demander la nullité de son mariage.

IV. La femme autorisée à plaider en première instance doit obtenir une nouvelle autorisation, soit pour interjeter appel, soit pour y défendre.

V. L'aliénation d'un immeuble ne peut jamais être considérée comme un acte d'administration.

VI. La qualification de femme veuve, prise par une femme mariée dans un contrat consenti par elle, ne fait pas obstacle à ce qu'elle en puisse demander la nullité pour défaut d'autorisation.

VII. L'autorisation maritale peut être verbale.

VIII. L'autorisation nécessaire à la femme mariée pour interjeter appel ou pour former un pourvoi en cassation doit être donnée par le tribunal du domicile du mari.

IX. L'autorisation de plaider est valable quand elle désigne la nature du procès et le point litigieux, alors même qu'elle ne mentionnerait pas le nom de la partie adverse et le tribunal compétent.

X. La ratification par le mari d'un acte fait par la

femme sans autorisation ne valide pas l'acte à l'égard de la femme.

XI. Les tiers qui ont traité avec une femme commerçante et qui invoquent la validité des actes faits sans autorisation sont tenus de prouver que ces actes se rapportent au commerce de la femme.

XII. C'est dans la chambre du conseil et non en audience publique que le ministère public doit donner ses conclusions dans les demandes, soit pour ester en jugement, soit pour contracter, formées par les femmes mariées contre leur mari.

XIII. L'autorisation pour ester en jugement n'est pas nécessaire à la femme contre laquelle des poursuites criminelles sont dirigées, soit que le ministère public poursuive d'office, soit que la partie civile agisse directement.

XIV. La justice ne peut pas autoriser la femme à faire le commerce, sauf le cas où le mari est dans l'impossibilité de donner son consentement.

XV. La femme étrangère qui épouse un Français devient française, nonobstant toute stipulation contraire.

XVI. Les tribunaux français sont compétents pour autoriser la femme étrangère à quitter le domicile de son mari étranger, et pour obliger le mari à payer une pension alimentaire à sa femme.

HISTOIRE DU DROIT.

I. Le sénatus-consulte Velléien a été abrogé dans les parties de la France où il était applicable, non par l'article 217 du Code civil décrété le 25 ventôse an XI, mais par l'article 1123 du Code civil décrété le 17 pluviôse an XII.

II. Dans l'ancien droit français, le sénatus-consulte Velléien était un statut personnel.

DROIT CRIMINEL.

I. Celui qui s'approprie la chose qu'il a trouvée ne commet pas un vol, quand l'intention de s'approprier l'objet trouvé est postérieure à l'appréhension.

Celui qui s'approprie une pièce d'or qui lui a été remise par mégarde, au lieu d'une pièce d'argent de valeur inférieure qu'on croyait lui donner, ne commet pas un vol.

II. Si deux prévenus d'un même délit sont justiciables, l'un d'un tribunal ordinaire, l'autre d'un tribunal d'exception, c'est au tribunal ordinaire qu'il appartient de statuer, alors même que les prévenus sont passibles de peines de nature différente.

DROIT ADMINISTRATIF.

I. Quand une Société formée pour l'exploitation de mines ou de sources d'eau salée transporte les produits qu'elle obtient dans une ou plusieurs villes où elle les débite en gros dans des magasins, elle est soumise à la patente à raison de ces magasins.

II. En matière de grande voirie, les procès-verbaux sont nuls, quand ils ne sont pas dressés dans les trois jours qui suivent la constatation de la contravention.

DROIT DES GENS.

I. Le blocus d'un port n'est obligatoire qu'autant qu'il est impossible de pénétrer dans ce port sans passer sous le feu de l'artillerie du belligérant qui forme le blocus.

II. Les hommes, et notamment des passagers, ne peuvent pas être considérés comme contrebande de guerre.

Vu par le Doyen de la Faculté.
COLMET D'AAGE.

Vu par le Président de la Thèse.
DUVERGER.

Vu et permis d'imprimer.

Le Vice-Recteur,
A. MOURIER.

Bordeaux. — Imp. G. Gounouilhou, rue Guiraude, 11.

TABLE DES MATIÈRES.

DROIT ROMAIN.

DROIT FRANÇAIS.

PREMIÈRE PARTIE.

CONDITION LÉGALE DE LA FEMME MARIÉE — QUANT A SA PERSONNE.

SECONDE PARTIE.

CONDITION LÉGALE DE LA FEMME MARIÉE — QUANT AUX BIENS.

Bordeaux.—Imp. G. GOUNOUILHOU, rue Guiraude, 11.